世界之窗

王渝生　主编

中国大百科全书出版社

图书在版编目（CIP）数据

世界之窗 / 王渝生主编. -- 北京：中国大百科全
书出版社，2025. 1. -- ISBN 978-7-5202-1711-8

I. K91-49

中国国家版本馆CIP数据核字第20248H6U39号

世界之窗

出 版 人：刘祚臣
责任编辑：刘敬微
责任校对：黄佳辉
责任印制：李宝丰
排版制作：北京升创文化传播有限公司

中国大百科全书出版社出版发行
（地址：北京阜成门北大街17号 电话：88390718 邮政编码：100037）
唐山富达印务有限公司
开本：710毫米×1000毫米 1/16 印张：8 字数：100千字
2025年1月第1版 2025年1月第1次印刷
ISBN 978-7-5202-1711-8
定价：48.00 元

编委会

主　　编　王渝生

编　　委　(以姓氏音序排序)

程忆涵　　杜晓冉　　胡春玲　　黄佳辉

刘敬微　　王　宇　　余　会　　张恒丽

前 言

　　《世界之窗》是一本面向大众的知识性普及读物，旨在提供中国及全球的概览。在介绍中国部分时，它全面覆盖了 4 个直辖市、23 个省、5 个自治区以及 2 个特别行政区的多方面信息。内容不仅包括各地的概况，还着重介绍了具有代表性的自然景观和文化遗产，引领读者领略祖国的壮丽山河和丰富多彩的地域特色。在介绍世界部分时，本书涵盖了关于地球、经纬度等基础地理知识，帮助读者构建对世界结构的基本理解。此外，它还对七大洲中的一些国家进行了详细介绍，为读者打开了一扇了解世界各地的窗口，帮助读者扩展全球视野，体验世界的多样性和奇妙之处。

　　全书以条目形式进行编排，释文力求简明扼要、通俗易懂。标题一般为词或词组，释文一般依次由定义和定性叙述、简史、基本内容、插图等构成，依据条目的性质和知识内容的实际状况有所增减或调整。全书内容系统、信息丰富且易于阅读。为了使内容更加适合大众阅读，增加了不少插图，包括照片、线条图等，随文编排。

目 录

下篇

上篇

经度

通过某地的子午面与本初子午面所成的二面角。

子午面是通过地球自转轴的平面，其与地球椭球面的交线为子午线或者经线。一条经线是一个半椭圆弧。通过英国伦敦近郊的格林尼治皇家天文台旧址的经线称为本初子午线，以此作为计算经度的起点，即经度零度零分零秒。在它东面的为东经，共180°；在它西面的为西经，共180°。因为地球椭球的横截面是圆的，所以东经180°和西经180°的经线是同一条经线。在浏览地图时，从西向东，经度的度数由小到大为东经度；从西向东，经度的度数由大到小为西经度；每15个经度便相差一个小时。如北京经度是东经116°28′，时间与格林尼治皇家天文台时间相差8个小时。为了避免日期上的混乱，1884年国际经度会议规定了一条国际日期变更线。这条变更线位于太平洋中的180°经线上，从东向西经过180°经线全球日期减少一天，从西向东经过180°经线全球日期增加一天。

纬度

过某点的法线与赤道面的夹角。

纬度分为地心纬度、天文纬度和大地纬度。地面某点的地心纬度是该点与地球球心的连线和地球赤道面所成的线面角；天文纬度是通过地面点的重力线（铅垂线）和地球赤道面所成的线面角；大地纬度是通过地面点的法线和地球赤道面所成的线面角。纬度在本地经线上度量，数值为 0°～90°。由赤道向南、北各划出 90°，向北量值称为北纬度，向南量值称为南纬度。地球可以看作在不停地绕地轴旋转的一个旋转球体，地球自转轴为旋转轴，简称为地轴，所有垂直于地轴的平面与地球球面的交线称为纬线。纬线是半径不同的圆，其中半径最大的纬线称为赤道。赤道是 0°纬线，位于赤道以北的点的纬度叫北纬，记为 N；位于赤道以南的点的纬度称南纬，记为 S。靠近赤道的称为低纬度地区，纬度在 0°～30°；靠近两极的称为高纬度地区，纬度在 60°～90°；纬度在 30°～60° 的地区称为中纬度地区。地球上的气候跟纬度有关，纬度的高低也标志着气候的冷热，如赤道和低纬度地区大部分时间气温很高，两极和高纬度地区大部分时间气温很低，中纬度地区四季相对分明。纬度 1° 对应的长度大约为 111 千米。

地理坐标

用经度、纬度表示地面点位置的球面坐标。地理坐标系以地轴为极轴，所有通过地球南北极的平面，均称为子午面。子午面与地球椭球面的交线，称为子午线或经线，经线是椭圆。所有垂直于地轴的平面与地球椭球面的交线，称为纬线，纬线是半径不同的圆，其中半径最大的纬线称为赤道。纬度从赤道起算，赤道上纬度为0°。向北从0°到+90°（北极），称为北纬；向南从0°到-90°（南极），称为南纬。1884年国际经度会议决定，通过英国伦敦格林尼治皇家天文台（原址，1957年天文台已迁至新址）的子午线为本初子午线（或称首子午线）。作为计算经度的起点，本初子午线的经度为0°。向东从0°到+180°，称东经；向西从0°到-180°，称西经。

时区

地球表面按经线划分的24个区域。由于地球是一个球体，地球自转使其表面东面的一点总比它西面的一点要早看到日出，即经度的不同形成不同的地方时。为了避免这种时间上的混乱，1884年国际经度会议决定，全球采用分区计时，并把通过英国格林尼治皇家天文台（原址）的经线定为本初子午线（0°经线），向东、向西各取7.5°为零时区。零时区以东依次分为东一区（东经7.5°～22.5°）、东二区（东经22.5°～37.5°）……零时区以西依次分为西一区（西经7.5°～22.5°）、西二区（西经22.5°～37.5°）……东、西十二区是重合的，即全球共划分为24个时区，每个时区包括15个经度。每个时区以其中央经线的地方时为标准时间，称区时或标准时。零时区的区时为国际通用的世界时。这样，地球上相邻的两个时区，东面的总比西面的要早1小时，结果东十二区比西十二区早24小时。为此会议还规定了日界线（又称国际日期变更线）。凡是由东向西经过日界线的，必须把日期增加一天；反之则减少一天。日界线的地方时为东、西十二区的标准时间。

全世界多数国家都采用区

时为标准时间，但是有些国家仍然采用其首都或重要商埠的地方时为标准时间。中国位于东经72°～135°，跨5个时区，即东五区、东六区、东七区、东八区、东九区。中华人民共和国成立后，中国采用北京所在的东八区的区时为全国统一的标准时间，即北京时间。中国新疆还采用乌鲁木齐时。

本初子午线

地球上计量经度的起始经线。又称首子午线、零子午线。1884年国际经度会议决定，采用通过英国伦敦格林尼治皇家天文台（原址）埃里中星仪的子午线作为时间和经度计量的标准参考子午线，将之称为本初子午线。从本初子午线起，分别向东和向西计量地理经度，从0°到180°。1957年格林尼治皇家天文台迁移台址，国际上改用由若干天文测时结果长期稳定性较好的天文台组成的平均天文台作为参考。由这些天文台原来的经度采用值，利用天文测时资料反求各自的经度原点，再对这些经度原点进行统一处理，最后求得平均天文台经度原点。1968年国际上以国际习用原点作为地极原点，并把通过国际习用原点和平均天文台经度原点的子午线称为本初子午线。

格林尼治皇家天文台旧址（图中白线为本初子午线）

赤道

通过地心、垂直于地轴的平面与地球表面的交线。又称地理赤道、大地赤道。它将地球分为南半球和北半球，与地球南、北极距离相等，并成为划分纬度的基准。因此，赤道的纬度是 0°。在天文学上，地球赤道面延伸后与天球相交的大圆，称为天球赤道，又称天赤道。它与天球两极距离相等。当太阳位于天球赤道平面时，昼夜在任何地方都是等长的，这就是每年出现两次的平分点——春分点和秋分点。

回归线

地球上北、南纬各 23° 27′ 的两个纬度圈。一般是地球上热量带的北、南两个界线。夏至日太阳到达北回归线后即转向南去，冬至日太阳到达南回归线后即转向北去。南、北半球季节出现正好相反：北半球为夏季和秋季时，南半球为冬季和春季。

极圈

地球上北、南纬各 66° 33′

的两个纬度圈。在北半球的称为北极圈，在南半球的称为南极圈。由于地球的自转轴与公转轨道面之间有 66° 33′ 的夹角，在北极圈上每年有一天（约在 6 月 21 日）太阳终日不落，有一天（约在 12 月 21 日）太阳终日不出。由此往北，极昼或极夜逐渐递增，至北极增长到 6 个月。在南极圈上，任何日期的白天或黑夜的长短情况与北极圈上正好相反。

南极

地球自转轴与地球南半球表面的相交点。为地轴的南端。地理上的南极在南极洲罗斯冰架以南约 480 千米、海拔 2830 米处（海拔经常变化），冰盖厚度 2700 米，每年有 6 个月完全为白昼，6 个月完全为黑夜。地理南极与南磁极、地磁南极并不一致。罗盘磁针所指的南磁极位于阿黛利海岸约东经 139° 06′、南纬 66° 00′ 处，每年向西北位移约 13 千米。地球磁场南端的地磁南极也移动，20 世纪 90 年代初约在东经 108° 44′、南纬 79° 13′ 处。

南极冰架

北极

地球自转轴与地球北半球表面的相交点。为地轴的北端。地理北极位于格陵兰以北大约 725 千米的北冰洋中，海深 4087 米，覆盖浮冰，每年有 6 个月全为白昼，6 个月全为黑夜。地理北极与北磁极、地磁北极并不一致。罗盘磁针所指的北磁极 1993 年位于加拿大极北端伊丽莎白女王群岛的埃勒夫·灵内斯岛以西，大约在西经

104° 24′、北纬 78° 27′ 处。地磁北极即地球磁场的北端，约在西经 71° 16′、北纬 79° 13′ 处。

北极风光

极昼与极夜

地球极圈（北极圈和南极圈）内的地区在一个公历年中存在两个白昼与黑夜的连续时间超过 24 小时的时间段，前者为极昼（又称永昼），后者为极夜（又称永夜）。

极昼与极夜是由于地球的自转轴与公转轨道面之间有 66° 33′ 的夹角造成的。因纬度不同，极圈内各地区极昼与极夜的长度不同。纬度越高，越靠近极点，极昼与极夜越长。在南极圈（南纬 66° 33′）与北极

圈（北纬66°33′）的纬线上只有24小时，而在南极点（南纬90°）与北极点（北纬90°）则长达半年。在南极点，每年只有一次日出和日落，极昼的时间为183天，极夜为182天；在北极点，每年也只有一次日出和日落，极昼的时间为189天，极夜为176天。

海拔

某一点高出平均海平面（又称人地水准面）的距离，又称绝对高度。在地图上表示的高度都是绝对高度。由于海平面不是一个标准的水准面，因此各国在绘制地图时尽量使其标准面接近水准面。中国各地的绝对高度以青岛黄海水准原点（即黄海平均海水面）为起算点。

地图

运用数学法则和地图语言（地图符号系统），经过地图概括，表示地球上各种自然和社会经济现象的平面图形。地图按内容分为普通地图和专题地图。普通地图又分为地形图和地理图，专题地图又分为自然地图、社会经济地图（人文地图）和环境地图。

马王堆出土的西汉地形图

地图由数学基础、制图对象和图面整饰三部分组成。数学基础包括大地控制点、经纬线网和比例尺。制图对象在普通地图上包括水系、地貌、居民地、交通线、土质、植被、境界线及其他地物，在专题地图上包括地理底图内容和突出表示的主题要素。图面整饰的内容包括图廓、图名、图号、图例和图面上的文字说明，以及附加图表等。

地形图

着重表示地形的普通地图。地形图的内容主要包括：数学要素，如比例尺、坐标格网和控制点等；自然地理要素，如水系、地貌、土质和植被等；社会经济要素，如居民地、交通网和政治行政区划等；图名、图号和图例。地形图比例尺的大小在不同的业务部门有不同的习惯规定。在地形图上要表示出主要地物的位置、形状和大小。由于地面上的地物变化频繁，应不断对地形图进行修测或更新。

地形图被广泛应用于军事和经济建设领域，也是编制各种专题地图如地质图、地貌图等的基础底图。

丹霞地貌

巨厚红色砂砾岩层中沿垂直节理发育的各种丹崖奇峰的总称。主要发育于侏罗纪至第三纪的水平或缓倾的红色地层中，以中国广东北部的丹霞山为典型，故名。丹霞地貌发育始于第三纪的喜马拉雅运动。这次运动使部分红层变形，并将红色盆地抬升。红色地层沿垂直节理受到水流、重力、风力等作用侵蚀，形成深沟、残峰、石墙、石柱、崩积锥及石芽、溶洞、石钟乳、漏斗等地貌形态。山体主要呈方山状、堡垒状、宝塔状，或为单斜峰群、陡崖坡等。丹霞地貌区奇峰林立、景色瑰丽，旅游资源丰富。

丹霞山

煤

黑色或褐色由植物形成的固体可燃矿产。又称煤炭。地质时期沼泽中植物遗体在覆水缺氧或少氧的环境下，经泥炭化作用形成泥炭，泥炭被埋藏后在温度、压力增高的条件下，又经煤化作用转变形成煤。煤中的有机质是由碳、氢、氧、氮、硫等元素组成的复杂的高分子有机化合物的混合物，其中以碳、氢、氧为主，占95%以上，此外还有无机质。

世界上没有统一的煤炭分类。1985年提出的《中国煤炭分类》（GB5751—86）将中国煤分为14类：无烟煤、贫煤、贫瘦煤、瘦煤、焦煤、肥煤、1/3焦煤、气肥煤、气煤、1/2中黏煤、弱黏煤、不黏煤、长焰煤、褐煤。

煤是重要的能源矿产，全世界所用能源有1/3来自煤。中国的煤产量和储量均居世界前列，世界煤产量和储量较多的国家还有美国、俄罗斯、波兰、德国、英国、澳大利亚、南非、印度等。

俄罗斯库兹涅茨克煤矿

石油

赋存于地下岩石空隙中的一种液态的可燃有机矿产，是主要的能源。在未进行加工前又称原油。

石油是由碳、氢元素组成的烃类化合物和少量含硫、氮、氧元素的非烃类化合物组成的复杂混合物，还含有微量矾、镍、砷等元素。常见的石油呈黑褐色。20℃时相对密度一般在0.75～1.00。除轻汽油和石蜡外，石油及其大部分产品在紫外线的照射下均发荧光。石油难溶于水，易溶于有机溶剂。

委内瑞拉马拉开波湖石油钻井平台

全球一半以上的石油储量分布在中东地区，主要分布在沙特阿拉伯、伊朗、伊拉克、科威特和阿联酋。其次是美洲的加拿大、美国、墨西哥、委内瑞拉、巴西等。再次是俄罗斯和中亚地区，以及非洲、亚太地区。

天然气

地壳中以烃类为主的天然气体。通常指油田气、气田气，即在石油天然气地质中所称的狭义天然气。天然气是经济、清洁的能源，重要的燃料和化工原料。

与油田及气田有关的天然气，主要成分是气态烃，其中以甲烷为主，含少量乙烷、丙烷、丁烷等。有时还含有非烃类气体，常见的有氮气、二氧化碳、硫化氢，还有一氧化碳、二氧化硫、氢气、汞等。

天然气一般无色，有时有汽油味或硫化氢味，性活泼，易散逸，易燃。标准状况下（0℃，1个大气压），密度一般为0.75千克/米³。天然气在地下深处处于高温高压下，当温度超过临界温度时，不论压力多大，都不能使天然气凝结为液态；开采时，天然气随着温度、压力的降低，反而凝结为液态。天然气溶于石油和水。

温泉

泉口水温高于当地年平均气温的地下热水天然露头。欧美等国以20℃、日本以25℃作为温泉的温度下限。中国《地热资源地质勘查规范》（GB/T

11615—2010）以 25 ℃作为温泉（水）与冷泉（水）的界限值。

温泉按泉口存在形式及喷涌情况可分为天然涌出的自喷泉、间断性喷出的间歇泉、连续排放水和汽的沸喷泉，以及以排放蒸汽为主的喷汽孔等。按成因可分为火山型温泉与非火山型温泉。火山型温泉与近代火山活动及浅部岩浆活动密切相关，非火山型温泉是正常地热增温条件下地下水深部循环的结果。

四川贡嘎山下的海螺沟温泉

在板块边缘地带的近代火山与岩浆活动强烈的地区，分布有许多间歇泉、沸泉及高温温泉，如地处环太平洋火山带的日本、中国台湾地区、新西兰、中南美及北美西海岸、千岛群岛和堪察加半岛，地中海—喜马拉雅造山带所在的意大利、土耳其、印度尼西亚和中国藏滇地区，坐落于大西洋中脊的冰岛，以及处于东非大裂谷的埃塞俄比亚、肯尼亚等。

溶洞

可溶性岩石中因喀斯特作用所形成的地下空间。又称喀斯特洞穴、洞穴。国际洞穴学联合会曾定义洞穴为岩石中人足以进入的天然地下空洞。1989 年，D.C. 福特等从成因上把洞穴定义为直径或宽度大于产生紊流的有效最小孔径 5～15 毫米的溶蚀空洞。洞穴由水沿可溶岩层裂隙溶蚀而成。洞穴化学沉积形态主要有石钟乳、石幔、石盾、石笋、石珊瑚、卷曲石、石珍珠、边石等。从终年积雪的高纬度与高山地区到低纬度与海平面以下地区的可溶岩内均有分布。世界上有调查档案的洞穴在 15 万个以上,长度超过 50 千米的有 35 个,深度超过 1000 米的有 62 个。

黄龙洞

冰川

极地或高山地区沿地面运动的巨大冰体。由大气固态降水经多年积累而成,是地表重要的淡水资源。冰川以雪线为界分为两部分:上部为粒雪盆(又称冰川积累区),下部为冰舌区(又称冰川消融区)。冰川总面积约1622.75万平方千米,覆盖地球陆地面积的11%。冰川按规模和形态分为

大陆冰盖和山岳冰川。现代冰川面积的97%、冰量的99%为南极大陆和格陵兰两大冰盖所占有。极地以外不同纬度的山地中,其高度在当地雪线以上者,发育山岳冰川。世界中、低纬度山岳冰川以亚洲中部山地最发达,特别是喀喇昆仑山系。冰川通过侵蚀、搬运与堆积作用对地表进行塑造;参与全球水循环,对全球气候有影响。

大陆冰盖

分布于两极地区不受地形约束、长期覆盖陆地的冰川。又称极地冰盖,简称冰盖。两极地区除少数山峰外,几乎全部地面为厚达数百米至数千米的连续的冰雪覆盖的盾形冰盖。边缘有一些大冰舌伸向海中,有的长达几百千米。漂浮在海上的冰体称为冰架(陆缘冰)或冰棚。伸入海中的小冰

舌称为溢出冰川。冰架和溢出冰川的前端，常由于消融而崩解，冰块脱离母体，落入海中，在海面上四处漂浮，成为冰山。地球上现存的大陆冰盖有南极冰盖和格陵兰冰盖。南极冰盖是地球上最大的冰库，面积1340万平方千米，总储冰量2867.2万立方千米；格陵兰冰盖是北半球最大冰体，面积180.24万平方千米。

南极大陆冰盖

山岳冰川

一种完全受山地地形约束的冰川。又称山地冰川或高山冰川。主要分布在地球中、低纬度的山地上，其中亚洲山区的冰川最多，占全世界山岳冰川的一半左右。中国是亚洲中、低纬度地区山岳冰川最多的国家，据1999年冰川编目统计，有冰川46298条，面积59406平方千米，约占亚洲冰川总面积的1/2，总储冰量5590立方千米。山岳冰川的形态类型主要有山谷冰川、冰斗冰川、悬冰川、平顶冰川、再生冰川和火山口冰川等。

玉龙冰川

兰伯特冰川

世界最大冰川。位于南极洲。宽40千米，长400千米，最厚处超过 3000 米。该冰川流经查尔斯王子山和莫森陡崖间最大深度超过 2500 米的地堑谷地。由于兰伯特冰川表面平均高度仅数百米，周围的冰体都朝它流来，于是构成了面积达百万平方千米的冰盖盆地，即兰伯特冰川盆地。冰川的上游有多条源于东南极洲高原的支流对其进行补给，下游与埃默里冰架相连。冰川的大部分流动速度为 400 ~ 800 米 / 年，中部流速略慢。

雅丹

河湖相土状堆积物地区发育的风蚀土墩和风蚀凹地相间的地貌形态。以中国新疆罗布泊凹地最为典型。以维吾尔语"雅丹"（陡壁的土丘）命名。雅丹是风力吹蚀和风沙流磨蚀作用的产物，并在形成过程中被（季节性）流水侵蚀改造。雅丹地区地面崎岖起伏，支离破碎。高起的风蚀土墩多为长条形，排列方向与主风向平行，土墩物质为粉沙、细沙和沙质黏土互层；风蚀凹地底部的平地向下风向倾斜。风蚀土墩和凹地相间分布，凹地多数互相沟通，而土墩常孤立分布。

雅丹在世界许多沙漠地区都有分布，如利比亚提贝斯提高原、伊朗克尔曼盆地、埃及哈尔加盆地等。中国除新疆罗布泊地区外，青海柴达木盆地西北部和甘肃河西走廊的疏勒河下游也有大面积分布。

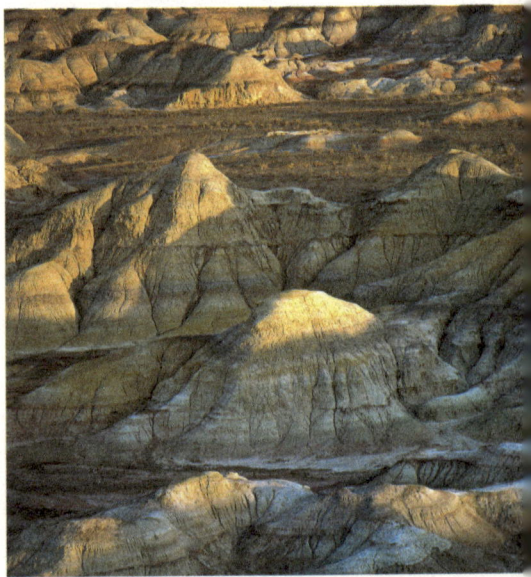

新疆五彩城雅丹地貌

山地

海拔 500 米以上、地表相对高度大于 200 米，坡度较陡的高地。山地是地壳构造运动的结果。地壳由若干个大的板块组成。两个板块接触之处受挤压隆起形成山脉，即造山运动。世界上绝大多数山脉都是这样形成的。火山活动也可以形成山地，但往往是孤立山峰。山地根据形态分为：峰或山峰，为孤立的山；山列或山脉，即多个山峰由一山脊连接而形成的山群；山系，由一系列的山脉形成。根据高度分为：低山，海拔 1000 米以下；中山，海拔 1000 ~ 3000 米；高山，海拔 3000 ~ 5000 米；极高山，海拔 5000 米以上。许多山脉成为气候的障壁，对气候有很大的调节作用，甚至是重要的气候界线，如中国的秦岭。山地是森林的天然宝库，蕴藏丰富的矿藏。

喜马拉雅山脉

世界上最雄伟高大的山脉。山名源于梵文，意为"雪的居所"。藏民则称雪山。由数条大致平行的支脉组成，向南凸出呈弧形。分布于青藏高原南缘，西起克什米尔的南迦峰（海拔 8125 米），东至雅鲁藏布江大拐弯处的南迦巴瓦峰（海拔 7782 米），全长约 2500 千米。南北宽度为 200 ~ 300 千米，由北而南依次为大喜马拉雅山、小喜马拉雅山及西瓦利克山等。主峰珠穆朗玛峰海拔 8848.86 米，为世界第一高峰。

喜马拉雅山脉的希夏邦马峰

喜马拉雅山脉主脉大喜马拉雅山平均海拔 6000 米以上，海拔 7000 米以上的山峰有 50 余座，海拔 8000 米以上的高峰有 10 座。高山顶部终年积雪，现代冰川作用强盛。冰川总面积 3.3 万平方千米，中国境内约占 1/3。雪线高度为海拔 5800 ～ 6200 米。

珠穆朗玛峰

喜马拉雅山脉主峰，世界第一高峰。简称珠峰。位于中国西藏与尼泊尔交界处的喜马拉雅山脉中段，海拔 8848.86 米，享有地球"第三极"之誉。"珠穆朗玛"系佛经中女神名的藏语音译。珠穆朗玛峰是典型的断块上升山峰。山谷冰川发育，山

珠穆朗玛峰

峰周围辐射状展布着许多条规模巨大的山谷冰川，长度在10千米以上的有18条，末端海拔3600～5400米。其中以北坡的中绒布、西绒布和东绒布三大冰川与它们周围的30多条中小型支冰川组成的冰川群为著。

自1921年起，不断有人试图征服珠穆朗玛峰，但直至1953年5月29日，英国探险队的两名队员才第一次从尼泊尔境内的南坡登上峰顶。

高原

海拔600米以上，一侧或数侧为陡坡、顶面相对平坦，分布范围较大的高地。形成的根本原因是新生代以来地壳的强烈抬升，抬升速度超过了外营力的侵蚀或剥蚀，地表呈现为隆起的正地形。包括多种成因的低高原（如巴西高原、南非高原）、在山系旁侧的高原（如阿巴拉契亚高

原）、山系组成的山地高原（如青藏高原）、由玄武岩熔岩堆叠而成的熔岩高原（如埃塞俄比亚高原）、由熔岩和凝灰岩等大量火山物质堆积而成的火山高原、由大陆冰盖组成的冰盖高原。高原在全世界有着广泛的分布，除冰盖高原外，约占地球上全部陆地面积的30%。尤以亚洲的高原为最高和最多，如青藏高原、伊朗高原等。

盆地

周围为山地或高地环绕的圆形或椭圆形的平坦低地。约占全世界陆地面积的30%。中国的盆地较多，有塔里木盆地、柴达木盆地、准噶尔盆地、四川盆地和吐鲁番盆地等。地壳的沉降是形成盆地的根本原因。一般分为凹陷盆地和断陷盆地。前者从盆地边缘向盆地中心沉积层逐渐变厚，盆地中的沉积

层与周围高地沉积层之间呈现为逐渐过渡；后者是以断层相互分开，沉积层在横断面上呈不连续，地质学上称为构造盆地。相对于周围的山地或高地来说，盆地的自然环境比较优越，适合于人类居住和进行各种经济活动。

刚果盆地

世界最大盆地。面积337万平方千米。又称扎伊尔盆地。位于非洲中西部。东以东非大裂谷为界，西到刚果（布）西部和喀麦隆东南，包括刚果河流域大部，故称刚果盆地。大体呈不规则的六边形。四周被高原、山地包围，仅西南由刚果河切穿一道缺口。北缘为中非高地，东缘为东非大裂谷西支西岸系列山地，东南为加丹加高原，西南有隆达高原，西缘为从喀麦隆及加蓬东部直至刚果（布）西部的高原、山地。盆地底部地势平坦，海拔300～500米。刚果河及其支流水量丰富。盆地一半以上被森林占据。盆地边缘的高原、山地富矿产资源，其中金刚石、铜、锰、铁矿世界闻名。

丘陵

海拔500米以下、相对高度200米以下，坡度较缓的低矮隆起高地。是山地与平原之间的过渡。其成因有两种：一是地壳抬升幅度和速度均较小，形成低矮的丘陵；二是原为高峻的山地，经长期侵蚀或剥蚀，被夷平成低矮的丘陵。丘陵可以是孤立的，也可以是连绵成片的。孤立的山丘被称为残丘或岛山。

平原

海拔低于200米、相对高度小于50米的平缓陆地。它以较低的高度区别于高原，以较小的起伏区别于丘陵。世界大部分人口均居住在平原地区，平原与人类的关系十分密切。平原形成的基本条件是地壳的持续沉降或持续稳定。世界上绝大多数平原是由堆积作用形成的堆积平原，如中国的华北平原。少量原来地势较高、遭受长期侵蚀或剥蚀形成的平原，称为侵蚀平原或蚀余平原。堆积平原根据成因分为冲积平原、洪积平原、湖积平原、冰水平原和海积平原等。在两种或两种以上营力同时作用的地区，出现混合成因的平原。平原地区蕴藏有各种类型的沉积矿床。

亚马孙平原

世界最大的冲积平原。位于南美洲北部亚马孙河的中下游。介于圭亚那高原与巴西高原之间，西部为安第斯山脉的东坡，东至大西洋沿岸。面积约560万平方千米，大部分在巴西境内，

约占巴西国土面积的1/3。发育于巴西陆台内呈东西走向的坳陷地带，亚马孙河大致沿着其构造轴流贯。平原西宽东窄，地势低平坦荡，大部分海拔在150米以下。平原按其地质和地貌特点可分为河漫滩和高位平原两部分。河漫滩约占平原面积的10％，地势低下，湖沼广布。河漫滩之外、45～60米的陡岸之上为高位平原，平原在西经60°以西最为宽广。热带雨林面积达300多万平方千米。人烟稀少，交通不便。

亚马孙平原俯瞰

冲积平原

河流挟带的泥沙进入低地

堆积而成的平原。是河流受构造运动（上升转为下降）、地形（从山地到低平谷地）和人为因素（筑堤、修水库）等影响，水流流速降低，导致泥沙大量堆积而成。冲积平原地势低平、起伏和缓，海拔大部分在 200 米以下，相对高度一般不超过 50 米，有的仅 10～20 米；坡度一般在 5° 以下。分布于不同高度、纬度和河流的不同部位（上、中、下游）。

冲积平原根据形成部位分为山前平原、中部平原和滨海平原。山前平原为洪积－冲积平原，位于山前地带；中部平原是冲积平原的主体；滨海平原为冲积－海积平原。根据形状分为冲积扇平原、泛滥平原和三角洲平原。

三角洲

在河口区由于流速降低，水流所挟带的泥沙堆积而形成的冲积平原。因其外形类似希腊字母 Δ 而得名。世界上大三角洲主要分布在入海河口。

三角洲的发育受制于许多因素，主要取决于入海河流挟沙能力与海洋动力（波浪、潮汐、沿岸流等）对入海泥沙再搬运能力之间的对比关系。随着入海泥沙量的减少和海洋再造营力的增强，依次形成扇形、鸟足形、舌形、尖嘴形、弓形、河口湾形三角洲。

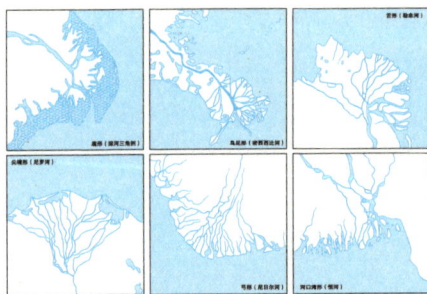

三角洲形态类型

三角洲地区绿野沃土，营养盐类富集，蕴藏丰富的水土资源和生物资源，且内外交通都较为便利，具有极大的开发价值。但是，三角洲的生态环境比较脆弱，容易遭到人类活动的破坏，必须注意保护。此外，三角洲是地球表面主要的沉积区之一，古三角洲沉积层往往是油气藏的所在。

沙漠

干旱地区地表为大片沙丘覆盖的区域。广义的沙漠与荒漠相当，狭义的沙漠仅指沙质荒漠。而一般意义上的沙漠泛指风为主要营力，侵蚀和堆积形成地形形态的地区。除沙质荒漠外，还涵盖砾质荒漠（戈壁）和风蚀地（风城、雅丹和风蚀劣地）。

沙漠依据水分条件和沙丘固定状况，分为流动沙漠、半固定沙漠和固定沙漠。但缺乏统一的划分标准。中国地理学界把分布在中国贺兰山以西的主要由流动沙丘组成的干旱荒漠地区称为沙漠，如塔克拉玛干沙漠等；把水分条件较好，以固定、半固定沙丘为主，分布在半干旱草原及部分半湿润地区疏林草原的沙漠称为沙地，如毛乌素沙地等。

全球沙漠面积 540 万平方千米，占全球陆地面积的 10.11％。世界上面积超过 20 万平方千米、连片分布的大沙漠有 8 个，分布在阿拉伯半岛、中亚和澳大利亚。其中，鲁卜哈利沙漠最大，面积 65 万平方千米，是世界第一大流动沙漠。撒哈拉沙漠面积 180 万平方千米，但被砾漠和岩漠分割成许多小沙漠。

全球流动大沙漠主要分布于非洲、阿拉伯半岛和中国西北地区，面积约 350 万平方千米，占全球沙漠面积的 65％；其他地区零星分布。固定、半固定大沙漠面积约 190 万平方千米，占全球沙漠面积的 35％，主要分布在南非、中亚、印巴边界、澳大利亚，以及中国东部沙地区、新疆北部和青海柴达木盆地。

草原

　　生长草本植物或兼有灌丛和稀疏树木，可为家畜和野生动物提供生存场所的地区。由大气、土壤、生物等因子共同作用形成。现多以水热组合模式来说明草原的分布。热带草原分布于赤道两侧南、北纬

呼伦贝尔草原风光

30°以内地带；温带草原处于热带草原与冻原之间，是世界草原面积的最大组成部分，分布于南、北纬20°～55°，绵延数千千米；冻原泛指北纬65°以北、与北极相毗连的地带和

海拔在森林线以上、有永久冻土层的地带；荒漠灌丛草原因地带性差异，可分为冷荒漠灌丛草原和热荒漠灌丛草原；林间草原指森林内部及其周围零星旷地上的草原。

湿地

　　狭义的湿地为经常或周期性水饱和或淹浅水（水深不超过2米）、具有水成土和水生植被的土地，即沼泽。广义的湿地还包括地球陆地上的所有水体和海洋中低潮时水深不超过6米的近海海域。它是地球上一种重要的生态系统，处于陆地生态系统与水生生态系统之间，是上述两个生态系统之间的过渡带。水的来源、水深、水流方式，以及淹水的持续期和频率决定了湿地的多样性。湿地土壤通常称为湿土或水成土，有利于水生植物生长和繁殖，因此湿地有丰富的生物多样性和很高的

生产力。植被往往是湿地辨识的重要标志。1971年苏联、加拿大、澳大利亚、英国等36国签署的《湿地公约》中的广义的湿地定义，已得到越来越多的认同。

太平洋

世界最大最深的洋。因麦哲伦于 1520 ~ 1521 年横渡此洋时风平浪静，故名。位于亚洲、大洋洲、美洲和南极洲之间。通常以南、北回归线为界，分称南、中、北太平洋，或以赤道为界，分称南、北太平洋；以东经160°为界，分称东、西太平洋。太平洋及其沿岸主要国家和地区有30多个。国际日期变更线纵贯太平洋中部。

太平洋水平轮廓近似椭圆形。南北最长约1.59万千米，东西最宽约1.99万千米。总面积约17868万平方千米，平均深度为3957米，最大深度为11034米，体积为7.071亿立方千米，均居各大洋之首。太平洋拥有大小岛屿万余个，总面积为440多万平方千米。其中的新几内亚岛是太平洋中最大的岛屿，仅次于格陵兰岛，居世界第二。流入的河流有美洲的育空河、哥伦比亚河和科罗拉多河以及亚洲的长江、黄河、珠江、黑龙江和湄公河等。太平洋东西海岸类型明显不同：东海岸的山脉走向与海岸平行，岸线平直陡峭，大陆架狭窄；而西海岸自北向南分布着一系列的岛弧，岛屿错列，岸线曲折，陆架宽广。

印度洋

世界第三大洋。位于亚洲、大洋洲、非洲和南极洲之间，南部与太平洋和大西洋相通。西南以通过非洲南端厄加勒斯角的东经20°经线与大西洋为界，东南以通过塔斯马尼亚岛东南角至南极大陆的东经146°51′经线与太平洋为界。总面积为 7617.4 万平方千米，平均水深为 3711 米，最大深度为 7450 米（爪哇海沟）。体积 2.92 亿立方千米。沿岸有 30 多个国家和地区。

鉴于南极绕极水域独特的水文特征，许多海洋学家主张把副热带辐合线以南的水域划为南大洋。与太平洋和大西洋不同，印度洋水域北部封闭，南部开敞。北部岸线曲折，边缘海、内陆海和海峡较多。东、西、南三面与大洋洲、非洲和南极大陆接近，部分岸线平直。主要附属海和海湾有红海、阿拉伯海、波斯湾、孟加拉湾、安达曼海、阿拉弗拉海、帝汶海和大澳大利亚湾等。整个印度洋岛屿稀少，主要分布在西部洋区，大都为大陆岛。流入印度洋的河流也较少，著名的有恒河、布拉马普特拉河、印度河、伊洛瓦底江、赞比西河等。公元前 3000 多年以前，东印度商人在印度洋北部的航海活动已相当活跃。15 世纪初期到 30 年代，中国航海家郑和曾 7 次到过印度洋，最远曾到达非洲的马达加斯加附近。19 世纪后期开始进行科学考察活动，20 世纪 60 年代以后，各种考察活动日益增多。

大西洋

世界第二大洋。位于欧洲、非洲、北美洲、南美洲和南极洲之间，并通过地中海与亚洲相邻。通常以赤道为界，分称北大西洋和南大西洋。沿岸有 100 多个国家和地区。

大西洋一词源于希腊语，意谓希腊神话中擎天巨神阿特拉斯（Atlas）之海。大西洋东西狭窄；南北最长，约 1.6 万千米，呈 S 形。大西洋的面积，连同其附属海和南大洋部分水域在内（不计岛屿），约9165.5万平方千米，约占海洋总面积的25.4%。平均深度为3597米，最深处位于波多黎各海沟内，为9218米。

大西洋东西岸线大体平行。南部岸线平直，北部岸线曲折，并有众多的岛屿和半岛穿插分割，形成一系列边缘海、内海和海湾。如地中海、黑海、波罗的海、北海、比斯开湾、几内亚湾、加勒比海、墨西哥湾和圣劳伦斯湾等。注入大西洋的河流有圣劳伦斯河、密西西比河、亚马孙河及注入地中海的尼罗河等。

大西洋中沿岸岛屿众多，开阔洋面上岛屿很少。岛屿总面积约107万平方千米，大体可分两类：一类是大陆岛，如大不列颠岛、爱尔兰岛、纽芬兰岛等；另一类是火山岛，在洋中部呈串珠状分布，如亚速尔群岛等。著名海峡有沟通北海与大西洋的英吉利海峡、多佛尔海峡、直布罗陀海峡和佛罗里达海峡等。

北冰洋

世界四大洋中面积最小、深度最浅的洋。因主要位于北极地区，广布有常年不化的冰盖，面积较小，又名北极海。为亚洲、欧洲和北美洲所环抱。面积约为1475万平方千米，约占世界海洋面积的4.1%，不及太平洋面积的1/12。平均水深1225米，最大水深5527米（在格陵兰海东北）。

北冰洋名字源于希腊语，意即正对大熊星座的海洋。1650年，德国地理学家B.瓦伦纽斯首先把它划成独立的海洋，称大北洋；1845年伦敦地理学会命名为北冰洋。北冰洋海岸线曲折，岛屿众多。有宽阔的大陆架和许多浅而大的边缘海：在欧亚大陆沿岸的有挪威海、巴伦支海和喀拉海等；北美洲沿岸的有波弗特海，格陵兰岛之东的格陵兰海。北冰洋岛屿众多，数量仅次于太平洋，分布在大陆架处。流入北冰洋的主要河流有鄂毕河、叶尼塞河、勒拿河和马更些河等。

由于气候严寒，冰层覆盖，调查困难，直到20世纪30年代以后才陆续在冰上建立科学考察站，开展一些较系统的调查。由于北冰洋对全球气候有重要影响，各种考察和调查接踵而来，中国也先后派出调查队和"雪龙"号科考船进行水文气象研究。

河流

在重力作用下，集中于地表线形凹槽内的经常性或周期性天然水道的通称。在中国有江、河、水、溪、川、涧、藏布、郭勒等不同称谓。河道中的水流来自河流自身的集水区。

黑龙江扎龙自然保护区内的丹顶鹤

河流有干流、支流之分，和流域内的湖泊、沼泽或地下暗河彼此连接组成一个庞大的系统，称为水系，又称河系。河流是地球上水分循环的重要路径，径流通过它输送至海洋，同时也带走各种碎屑物、盐类和化学元素。较大的河流可划分为河源、上游、中游、下游和河口五个部分。河源是河流的发源地，河流可发源于冰川、湖泊、沼泽和泉等。河流的上游、中游和下游各段在河道比降、水流特性、水量和侵蚀与堆积作用上很不相同。河流注入干流、湖泊或海洋的地方称河口。河流按所处的自然条件及其所决定的水文情势，分为常流河、间歇性河流和偶然性河流；按所处位置，分为地上河和地下河。河流的径流量取决于所处的气候和自然地理条件，其中降水量是决定性因素。河流提供巨大的水能资源。

尼罗河

世界最长的河流。自南向北穿越撒哈拉沙漠，流贯非洲东北部，注入地中海。习惯上，人们把白尼罗河作为尼罗河的主流。白尼罗河和青尼罗河在苏丹喀土穆附近汇合后称为尼罗河。从白尼罗河源流卡盖拉河源头算起，全长6671千米。干、支流流经卢旺达、布隆迪、坦桑尼亚、肯尼亚、乌干达、刚果（金）、苏丹、埃塞俄比亚和埃及等国，是世界上流经国家最多的国际性河流之一。流域面积287.5万平方千米，占非洲大陆面积的1/9以上。

年径流量约725亿立方米。

尼罗河下游谷地和三角洲是世界古代文明发祥地之一。尼罗河流域是非洲人口最密集、经济最发达的地区之一。流域内建有多座大型水闸、水坝。

尼罗河开罗段

湖泊

陆地上相对封闭的洼地积水形成的水域比较宽广、换流缓慢的水体。在中国有陂、泽、池、海、泡、荡、淀、泊、错和诺尔等称谓。按湖盆成因，湖泊可分为构造湖、冰川湖、火口湖、堰塞湖、河成湖、风成湖和人工湖等；按湖水排泄条件，分为外流湖和内陆湖；按湖水矿化度，分为淡水湖、咸水湖和盐湖。湖水可以不断更新，湖水更换期的长短取决于湖泊容积和入湖、出湖年径流量。世界湖泊总面积约210万平方千米，占全球大陆面积的1.4%，以北美和北欧分布较为集中。

湖水是水资源的重要组成部分。地球上湖泊总水量约176400立方千米，其中淡水储量约占52%，约为全球淡水储量的0.26%。湖泊是水路交通的重要组成部分。湖泊盛产鱼、虾、蟹、贝，生产莲、藕、菱、芡和芦苇等。

里海

世界最大的封闭性内陆湖、咸水湖。为海迹湖。位于欧洲与亚洲之间，东、南、西三面分别被卡拉库姆沙漠、厄尔布尔士山脉和大高加索山脉

所环绕。面积约为39.4万平方千米。平均水深180米，最大水深1025米。里海的水位位于世界平均海平面以下，平均水位-28.5米。沿岸伏尔加河、乌拉尔河等130余条河流多从北岸注入。由于蒸发强烈，里海湖面一直处于不断缩小的状态。

里海鱼类资源丰富，主要鱼种有鲟、鲑、鲱、鲈、鲤等。湖滨有较大油田。盐类资源丰富，产食盐和芒硝。

里海卫星照片（据美国国家航空航天局）

半岛

伸入海洋或湖泊中的陆

地。三面邻水，一面与陆地相连。大的半岛主要受地质构造断陷作用形成，如世界最大的半岛——阿拉伯半岛。中国主要有山东半岛、辽东半岛、雷州半岛。世界其他主要的半岛有印度半岛、中南半岛、斯堪的纳维亚半岛、伊比利亚半岛、小亚细亚半岛、巴尔干半岛、堪察加半岛、亚平宁半岛、马来半岛、朝鲜半岛等。

岛屿

比大陆面积小、完全为水体包围的陆地。可出现在海洋、湖泊（大型水库）和江河里。成群的岛屿称为群岛。

岛屿可分为大陆岛和大洋岛。大陆岛是大陆的一部分，是大陆架上被水包围而未被淹没的部分，如台湾岛、海南岛、不列颠岛、爱尔兰岛、马达加斯加岛等。大洋岛指从海洋盆地升高到海面以上的岛。大洋岛根据成因分为海底火山喷发形成的火山岛（如夏威夷岛等）和由珊瑚骨骼聚集成珊瑚礁而出露水面的珊瑚岛。世界最壮观的珊瑚礁群岛是澳大利亚东北浅海中的大堡礁。

全球岛屿总面积约 1000 万平方千米，约占陆地总面积的 7%。主要分布于北太平洋的阿留申群岛到南太平洋的奥克兰群岛弧形地带、北美洲北部北冰洋周围、加勒比海地区。

瀑布

从河床纵剖面陡坡或悬崖处倾泻下来的水流。又称跌水。主要是水流对河底软硬岩石差别侵蚀的结果：在坚硬岩石出露的地方水流的进一步下蚀被阻止，而在软岩层水流容易向下侵蚀，于是在两者之间形成岩槛或陡坡，水流从岩槛或陡坡处流过形成瀑布。瀑布的大小和规模一般以落差、宽度和水量等来衡量，其中落差最为重要。世界著名的大瀑布有伊瓜苏瀑布、尼亚加拉瀑布、莫西奥图尼亚瀑布等，中国著名的瀑布有黄果树瀑布、壶口瀑布等。瀑布有很好的观赏价值，同时又是重要的动力资源，可以用来修建水电站。

黄河壶口瀑布

泉

地下水的天然露头。是地下水的一种重要排泄方式。泉的出现受一定的地质、水文及地貌条件的控制。只有在这些条件配置适当的情况下，才会有泉的出露。在基岩山区断

裂构造发育、侵蚀作用强烈的地带，泉的出露较多。平原区处于相对沉降地带，覆盖有厚度不等的第四纪松散沉积物，地形切割微弱，泉的出露较少。

泉按水力性质分为上升泉和下降泉。上升泉为承压水的天然露头，下降泉是非承压水的天然露头。按含水层的孔隙性质分为孔隙泉、裂隙泉和岩溶泉。孔隙泉是松散沉积物中孔隙水的天然露头，裂隙泉是坚硬岩层裂隙系统中的地下水天然露头，岩溶泉是岩溶水的天然露头。按水温分为温泉和冷泉。

风化作用

地表和近地表的岩石在日光、空气、水和生物等外力作用下所发生的物理或化学变化。被风化了的岩石圈疏松表层称风化壳。风化作用使岩石

（层）发生崩解和分解，其所能达到的深度为风化壳的厚度，可以从几十厘米至几百米。风化壳的厚度在寒冷地区较小，在湿热的热带地区可以达到 100 ~ 200 米，在断裂带发育区可以更大。风化碎屑物和淋溶物被搬运外输，地面被夷低，残遗的风化物质在不同地理条件下发育成不同类型的土壤。风化作用为地表各种外营力（流水、冰川、波浪及风等）的剥蚀和侵蚀作用创造了条件。

侵蚀作用

外营力对地表冲蚀、磨蚀、溶蚀等作用的总称。外营力包括流水、冰川、波浪、潮流、海流、风等。风化作用产生碎屑。外营力侵蚀地面，随后出现搬运作用和堆积作用，使地貌改观。狭义的侵蚀作用指流水、波浪、潮流、冰川和风等外营力的侵蚀作用，广义的侵蚀作用还包括坡地上岩屑、土粒受重力影响顺坡下移的块体运动。根据外营力作用类型的不同，侵蚀作用分为：河流侵蚀作用，包括冲蚀、磨蚀和溶蚀等作用；地下水溶蚀和潜蚀作用；冰蚀作用；海蚀作用；风蚀作用。

断层

地壳受力发生断裂，沿破裂面两侧岩块发生显著相对位移的断裂构造。断层的规模不等，大者沿走向延伸数百千米，常由许多断层组成，称为断裂带；小者长以厘米计，可见于岩石标本中。

断层由断层面和断盘构成。断层面是岩块沿之发生相对位移的破裂面。断盘指断层面两侧的岩块，位于断层面之上的称为上盘，位于断层面之下的称为下盘。上盘相对下降的断层为正断层，上盘相对上升的断层为逆断层。两侧被断层围限、中间上升的断层组合构造称为地垒，其边界断层一般是高角度正断层；两侧被高角度正断层围限、中间下降的槽形断块构造称为地堑。

叠瓦状小断层

地震

地球内部介质（岩石）在构造力的长期作用下发生快速断裂、位错运动，产生地震波，从而引起一定范围内地面振动的现象。是最为严重的自然灾害之一。介质破坏开始的地方称为震源。震源在地球表面的垂直投影称为震中。破坏性地震的地面振动最剧烈处称为极震区，极震区往往是震中所在地区。大多数地震在地面引起的震动只有用灵敏的仪器才能察觉。

1931 年新疆富蕴地震造成大范围的断裂和滑坡

地震按成因分为构造地震、火山地震和诱发地震，其中构造地震占全球发生的天然地震的 90％ 左右。地震按震源深度分为浅源地震、中源地震和深源地震。通常，震源深度不超过 70 千米的为浅源地震，不小于 70 千米且不超过 300 千米的为中源地震，超过 300 千米的为深源地震。

震级用来在一定范围内表示地震的相对大小（强度），它同震源辐射的地震波的强度有关；烈度用来表示同一次地震在地震波及的各个地点所造成的影响的程度，它与震源深度、震中距、方位角、地质构造及土壤性质等因素有关。

火山

地球内部炽热的岩浆及伴生气体、碎屑物质经地下通道喷出，在地表冷凝、堆积形成的山体。火山活动常有地震或气体逸出作为先兆。喷发时，有的火山产生爆炸，大量气体和尘埃从火山口中喷出，混合形成高耸入云的烟柱，小滴熔岩或炽热岩石碎屑直射天空；有的喷出气体很少，主要涌出灼热的熔岩。喷发后期常见的现象是逸出气体或出现温泉。

火山活动多具间歇性。正在喷发或人类有史以来常作周期性喷发的火山称为活火山。近期不活动、处于宁静期的火山称为休眠火山。最后一次喷发距今已很久远，且火山构造已遭严重破坏并被证明在可预见的将来不会发生喷发的火山，称为熄灭火山或死火山。

活火山主要分布在环太平洋火山带、地中海－喜马拉雅－印度尼西亚火山带、大洋中脊火山带和红海－东非大陆裂谷带。全世界有活火山 500 余座。

月球、火星、金星、木卫一上均有火山活动。

人种

具有共同遗传体质特征的人类群体。又称种族。在生物学上，人类各种族都同属于一个物种——智人。不同的人种在外形和生物化学、遗传特征等方面有区别，是由于人类在一定地域内长期适应当地自然环境，又经长期隔离而形成的。

根据体质特征的差异，人类分为三大人种——蒙古人种（黄色人种，俗称黄种人）、高加索人种（白色人种，俗称白种人）、尼格罗人种（黑色人种，俗称黑种人），或四大人种，即上述三大人种加澳大利亚人种（棕色人种，俗称棕种人）。在这些主要人种之间还有过渡型人种。1961年，美国学者S.M.卡恩提出一套由地理人种、地域人种、小人种组成的新的人种分类体系。此方案经联合国讨论通过，与三大、四大人种方案同时施行。在这个方案中，卡恩把人类划分为九大地理人种、32个地域人种。

关于人种的起源，有多中心说和单中心说两种理论。多中心理论认为，蒙古人种、高加索人种、尼格罗人种这三大人种各自在亚、欧、非三大洲形成，三大洲所发现的晚期智人化石证明他们在各地区分别延续发展。单中心理论即非洲起源说，认为世界上所有人种源于一个祖先，始于一个中心，即非洲早期智人。

人种之间的差异在现时是客观存在的，但不存在种族的优劣。随着人类交往日益频繁，各人种间不断发生混杂交融，因此世界上没有一个纯的人种。

领土

由国际公认的国界划定的一国行使国家主权所及的范围。有狭义和广义之分。狭义的领土仅包括领陆，广义的领土则包括领陆、领水和领空。均属一国行使主权的范围。

领陆指受国家权力支配、有国际公认的国界划定的土地，是地球陆地表面的特定部分。

领水指在国家主权支配和管辖之下的水域，包括内水、领海、专属经济区等。内水包括国境之内的河流、湖泊、内海和内海湾。

领海指沿海国主权管辖之下、与陆地领土及内水相连接的一定宽度的海域。《联合国海洋法公约》规定：每一国家有权确定其领海的宽度，直至从按照本公约确定的基线量起不超过12海里的界线为止。中国的领海宽度为12海里。专属经济区是领海以外并邻接领海的一个区域，其宽度从测算领海宽度的基线量起，不应超过200海里，故又称为200海里专属经济区或200海里海洋经济区。

领空指一国的陆地、河流、湖泊、内海、领海等的上空，即位于一国领土之上的大气层空间。1967年联合国通过《外层空间条约》规定：外层空间自由，外层空间不得占有，外层空间活动为全人类谋利，外层空间不得用于军事目的。

飞地

一国被其他国家领土包围的领土。分为两类：一类是一个国家位于另一国家领土之中，如位于意大利境内的圣马力诺。另一类是一个国家的一部分领土位于其他国家领土之中，或一个国家的部分领土被另一国家领土隔开而不相毗邻，如位于法国境内的西班牙领土利维亚，属前一种情况；与美国本土相分离、被加拿大领土相分隔的阿拉斯加，属后一种情况。飞地还有其他形式：准飞地，指地理空间与本国主体相连，但交通不便，需经另一国领土才可到达；暂时飞地，指由于停战而被占领或非军事化所形成的飞地。

亚洲

世界最大的洲。全称亚细亚洲。位于欧亚大陆东部，东、南、北三面分别濒临太平洋、印度洋和北冰洋。西北部濒临地中海和黑海,西南部隔红海和苏伊士运河与非洲大陆毗邻,东南部以帝汶岛与澳大利亚之间的海域同大洋洲分界,东北部以白令海峡同北美洲大陆遥对。陆地面积约4400万平方千米(包括附近岛屿),约占世界陆地总面积的29.4%。

亚洲地势高峻,起伏极端,平均海拔950米。全球海拔8000米以上的高峰有14座,全部在亚洲境内。珠穆朗玛峰是世界第一高峰。死海湖底最深处是地球陆地的最低处。亚洲有许多源远流长的大河和蓄水量巨大的湖泊。世界上长度4000千米以上的长河共14条,其中7条在亚洲。亚洲拥有许多世界著名湖泊。里海为世界第一大湖。贝加尔湖是世界最深的湖泊。亚洲气候类型复杂。除温带海洋性气候和冰原气候外,各种气候类型均有分布。

矿产资源丰富,石油、天然气、锡、钨、锑的储量均居世界首位。

亚洲有48个国家。在地理上习惯将亚洲分为东亚、东南亚、南亚、西亚、中亚和北亚。全洲人口45.5亿(2021),约占世界总人口的59.9%。亚洲人口密度居世界各大洲之首。种族构成复杂:黄种人是亚洲的主体人种,约占全洲人口的60%以上;次为白种人;还有少数棕种人和前两大人种的混合类型。亚洲是世界三大宗教——佛教、伊斯兰教和基督教的发源地。

欧洲

世界第六大洲。全称欧罗巴洲。位于欧亚大陆西部。北濒北冰洋,西临大西洋,南隔地中海与非洲相望,东以乌拉尔山、乌拉尔河、里海、大高加索山脉、黑海海峡、博斯普鲁斯海峡、马尔马拉海和达达尼尔海峡与亚洲为界。欧洲面积 1016 万平方千米，约占世界陆地总面积的 6.8%。

欧洲地势低平，平均海拔 300 米，低于世界各大洲；海拔 200 米以下的平原占全洲面积的 57%，多于世界各大洲。大陆轮廓破碎，有众多的半岛和海域交错分布。海岸线曲折程度居各洲之首。河网较稠密。湖泊众多。森林景观占绝对优势。气候的海洋性较为显著。欧洲是世界上温带海洋性气候分布面积最广的洲。矿藏丰富，种类多。

欧洲有 46 个国家和地区。在地理上习惯将欧洲分为西欧、北欧、中欧、南欧和东欧。全洲人口 7.42 亿（2017），约占世界总人口的 10.16%。欧洲是世界上人口密度第二大的洲。种族构成比较单一，居民绝大多数属白种人。居民多信奉天主教和基督教。

非洲

世界第二大洲。全称阿非利加洲。位于欧亚大陆的西南面。东濒印度洋，西临大西洋，北隔地中海与欧洲相望，东北以红海和苏伊士运河与亚洲分界。非洲面积约 3039 万平方千米（包括附近岛屿），约占世界陆地总面积的 20.4%。

非洲高原面积广大，有"高原大陆"之称。海拔 200 ~ 2000 米的台地和高原占全洲面积的 86.6%。全洲平均海拔 750 米，低于南极洲和亚洲。水系多流入大西洋（包括地中海）。非洲有"热带大陆"之称，热带气候占优势。非洲是世界热带稀树草原的最大分布区。有蹄类动物种类、数量均居世界各洲之冠。矿产资源丰富，铬铁矿、金刚石、金、磷酸盐储量均居世界首位。

非洲有 57 个国家和地区。地理上习惯把非洲分为北非、东非、西非、中非和南非。全洲人口 12.86 亿（2019），占世界总人口的 17%，仅次于亚洲。人口密度低于欧、亚两洲。居民的种族构成非常复杂：大多数民族属于黑种人，其余属白种人和黄种人。居民多信奉原始宗教和伊斯兰教，少数人信奉天主教和基督教。

大洋洲

世界最小的洲。由澳大利亚大陆与介于澳大利亚大陆、南极洲、南北美洲和亚洲之间广阔太平洋上的众多岛屿构成的地理区域。大洋洲陆地面积约 897 万平方千米，约占世界陆地总面积的 6%。

大洋洲大部分地区地势低缓。除少数山地海拔超过 2000 米外，一般都在海拔 600 米以下。绝大部分地区位于热带和亚热带。河流稀少且短小，水量不丰。湖泊较少。大洋洲的

陆生动物具有独特性和古老性。澳大利亚大陆矿藏丰富。铁、镍、铀的储量均居世界前列。

大洋洲有 16 个独立国家，其余十几个地区为美、英、法等国的属地。大洋洲是除南极洲外人口最少的洲，全洲人口约 4387 万，约占世界总人口的 0.53%。欧洲人后裔约占人口的 70%，土著居民约占 20%，印度人约占 1%，此外还有混血种人、华裔和日本人等。绝大部分居民信奉基督教，少数信奉天主教，印度人多信奉印度教。

北美洲

世界第三大洲。全称北亚美利加洲。位于西半球北部。东、西分别濒临大西洋和太平洋，北濒北冰洋，西北隔白令海峡与亚洲相望，南隔加勒比海、巴拿马运河与南美洲为邻。北美洲面积 2422.8 万平方千米（包

括附近岛屿），约占世界陆地总面积的16.2%。

北美大陆地形以三大纵列带为特征：东带以波状起伏的高地为主，中带为起伏和缓的高原和平原，西带由一系列山脉、山间高原和盆地组成。北美洲多年平均径流总量仅次于亚洲和南美洲。素以多湖著称，淡水湖数量为各洲之冠。苏必利尔湖为世界面积最大的淡水湖。气候以大陆性显著和类型多样为特征。几乎具备地球上寒、温、热带各种植被类型。动物种类丰富。矿产资源种类繁多，煤、石油、铁、铜、铅、锌、镍、钼、钒、银、铂、铀、石棉、钾盐、磷酸盐、硫黄等的储量和产量均居世界前列。

北美洲有23个独立国家和十几个地区。全洲人口5.79亿（2017），约占世界总人口的8%。人口分布极不平衡，绝大部分在东南部地区。居民大部分是欧洲移民的后裔，其中以盎格鲁-撒克逊人最多；其次是印第安人、黑种人、混血种人；此外还有因纽特人、波多黎各人、犹太人、日本人和华人。居民主要信奉基督教新教和天主教。

南美洲

世界第四大洲。全称南亚美利加洲。位于西半球的南部。东濒大西洋，西临太平洋，北滨加勒比海，南隔德雷克海峡与南极洲相望。一般以巴拿马运河为界同北美洲相分。南美洲面积约1797万平方千米（包括附近岛屿），约占世界陆地总面积的12%。

大陆北宽南窄，西部山脉纵贯，东部高原与冲积平原相间分布。全洲河流的多年平均径流总量仅次于亚洲。大湖很少。热带气候在全洲占绝对优势。热带常绿雨林和热带稀树草原面积广大。动物区系显示出多样性、特有性和原始性。矿产资源丰富，有世界最大的铁矿、斑岩铜矿，铋矿储量居世界首位。

除法属圭亚那和马尔维纳斯群岛外，共有 12 个独立国家。全洲人口 4.34 亿（2021），约占世界总人口的 5.70%。人口分布不平衡，西北部和东部沿海一带人口稠密，亚马孙平原是世界人口密度最小的地区之一。居民的种族构成复杂，有印第安人、白种人、黑种人及各种混血种人，混血种人以印欧混血种人最多。居民绝大多数信奉天主教，少数信奉基督教。

南极洲

世界第五大洲。指位于地球最南端的大陆及其周边岛屿。总面积 1366.1 万平方千米。南极大陆面积 1190 万平方千米。南极大陆绝大部分位于南极圈内，被南大洋所环绕。

南极洲平均海拔2440米，为世界最高的洲。98%的地域被冰雪覆盖。冰的总量占世界冰总量的90%。横贯南极山脉把南极大陆分为东、西两部分。东南极洲基本为冰雪覆盖的高原，西南极洲是一组被冰雪覆盖并与冰层连接在一起的山峦起伏的群岛。

南极洲气候独特，为世界上最寒冷、风暴最多、风力最大的大陆。气候干燥，降水量少。植物有850余种，其中地衣350余种，苔藓370余种，开花植物3种。鸟类有企鹅、海鸥、海燕等。哺乳动物有海豹、海豚、鲸等。周围海洋中盛产磷虾。矿产资源丰富，有世界上最大的铁矿床。

全洲没有人类定居，只有科学考察人员和捕捞船队在此活动。

印度尼西亚

东南亚最大国家、世界最大群岛国。全称印度尼西亚共和国。地跨赤道，位于中南半岛与澳大利亚大陆之间。面积 1913578.68 平方千米。人口约 2.76 亿（2022）。有一百多个民族，其中爪哇族占人口的 45%，巽他族占 14%，马都拉族占 7.5%，马来族占 7.5%。官方语言为印度尼西亚语。首都雅加达。

由太平洋与印度洋之间的 17508 个岛屿组成。主要包括苏门答腊、加里曼丹、苏拉威西、爪哇、马都拉等岛，以及努沙登加拉、马鲁古等群岛和伊里安岛西部。地形以山地和丘陵为主。伊里安岛上的查亚峰海拔 5029 米，为全国最高峰。多火山、地震，是太平洋西岸火山地震带的一部分。较大的河流有卡普阿斯河、巴里托河等。大部分地区为热带雨林气候，爪哇海、班达海以南沿岸各地为热带季风气候。

有石油、天然气、煤、锡、铝矾土、镍、铜、金、银等矿产资源。工业发展方向是强化外向型制造业。主要工业部门有采矿、纺织、轻工等。农业以种植业为主。粮食作物有水稻、玉米、薯类、豆类等。经济作物主要有橡胶、油棕、胡椒等。渔业资源丰富。公路和水路是重要运输手段，铁路设施相对落后，空运发展迅速。旅游业是印尼非油气行业中的第二大创汇行业。

著名大学有印度尼西亚大学、万隆工学院、加查马达大学等。

印度

亚洲南部国家。全称印度共和国。东北同中国、尼泊尔、不丹接壤，东与孟加拉国、缅甸为邻，东南与斯里兰卡隔海相望，西北与巴基斯坦交界。面积约298万平方千米（不包括中印边境印占区和克什米尔印度实际控制区等）。人口约14.08亿（2021）。有100多个民族，其中印度斯坦族约占总人口的46.3%，其他人数较多的民族有泰卢固族、孟加拉族、马拉提族、泰米尔族等。官方语言为印地语和英语。首都新德里。

地形以平原和台地缓丘为主。北部山区属喜马拉雅山脉南坡，横跨印度与尼泊尔边界的干城章嘉峰海拔8586米，为全国最高峰；中部印度河－恒河平原是世界著名大平原之一；南部以德干高原为主体，地面多呈现为桌状山或平顶山，南北走向的东高止山脉、西高止山脉分列高原两侧。河流主要有恒河、布拉马普特拉河等。大部分地区属典型的热带季风气候。

印度门

资源丰富，有矿产近百种。云母产量居世界首位，煤和重晶石产量居世界第三。工业已形成较为完整的体系，主要有纺织、食品、化工、制药、钢铁、水泥、采矿、石油、机械等部门。汽车、电子、航空和空间等新兴工业发展迅速。印度是世界主要粮食生产国之一。粮食作物以水稻、小麦、高粱、玉米、豆类等为主。经济作物以甘蔗、烟草、棉花、黄麻等为主。饲养牛、羊、猪、家禽等。渔业资源丰富。拥有世界第四大铁路网、第二大公路网，海运能力强。旅游资源丰富，旅游业是政府重点发展产业。

著名大学有德里大学、尼赫鲁大学、加尔各答大学等。

俄罗斯

世界上领土面积最大的国家。全称俄罗斯联邦。位于欧洲东部和亚洲北部。北临北冰洋；东濒太平洋，隔海与美国、日本相望；西北濒波罗的海芬兰湾。陆上自西向东分别同挪威、芬兰、爱沙尼亚、拉脱维亚、立陶宛、波兰、白俄罗斯、乌克兰、格鲁吉亚、阿塞拜疆、哈萨克斯坦、中国、蒙古、朝鲜接壤。面积1709.82万平方千米。人口1.46亿（2022）。有194个民族，其中俄罗斯族约占总人口的77.7%，其余为鞑靼、乌克兰、楚瓦什、巴什基尔、白俄罗斯、摩尔多瓦、日耳曼、乌德穆尔特、亚美尼亚、阿瓦尔、马里、哈萨克等族。官方语言为俄语。首都莫斯科。

地势东高西低。平原约占全国总面积的70%。西部主要是东欧平原和西西伯利亚平原；东部是中西伯利亚高原和远东山地；南部为山地，包括大高加索山脉、萨彦－贝加尔山地等，其中大高加索山脉的厄尔布鲁士山海拔5642米，为欧洲最高峰。大河主要有鄂毕河、勒拿河、叶尼塞河、伏尔加河等，其中伏尔加河为欧洲第一大河。贝加尔湖是世界最深和蓄水量最大的淡水湖，拉多加湖是欧洲第一大湖。大部分地区属温带和亚寒带大陆性气候，北极圈以内属寒带气候。

矿产资源种类多、储量大。天然气、铁、镍、锡的储量居世界首位，金、煤、铀等的储量居世界前列。工业基础雄厚，部门齐全，以能源、军工、机械、冶金、化工、木材等为主，其中能源和军工占突出地位。但工业结构不够合理，民用工业相对落后。主要农作物有麦类、玉米、水稻、亚麻、向日葵、甜菜等。畜牧业以饲养牛、猪、羊为主。远洋渔业发展较快。各类运输俱全。旅游业为新兴部门。

莫斯科红场

著名大学有莫斯科大学、圣彼得堡大学、莫斯科鲍曼技术大学等。

德国

中欧国家。全称德意志联邦共和国。北接丹麦，濒临北海和波罗的海；东邻波兰、捷克；南毗奥地利、瑞士；西界荷兰、比利时、卢森堡、法国。面积35.8万平方千米。人口8430万（2022）。主要为德意志人，有少数丹麦人和索布族人，其余为外来移民。通用德语。首都柏林。

地势南高北低。北部为冰碛平原；中部为丘陵和中等山地，间有河谷和盆地交织分布；南部为山地，包括阿尔卑斯山脉和巴伐利亚高原，位于德奥边境的楚格峰海拔2963米，是全国最高峰。河流主要有莱茵河、多瑙河、易北河等。湖泊众多，最大的是博登湖。西北部以温带海洋性气候为主，东、南部向温带大陆性气候过渡。

新天鹅城堡

德国是高度发达的资本主义工业国家。矿产资源较为贫乏。除硬煤、褐煤和盐外，在原料供应和能源方面很大程度上依赖进口。汽车、机械、化工、电气等部门是支柱产业，食品、纺织与服装、钢铁、采矿、精密仪器、光学、航空航天等部门也很发达。农业发达，机械化程度很高。农作物主要有麦类、马铃薯、甜菜等。畜牧业以饲养牛、猪为主。交通运输业十分发达，公路密度为世界之冠。旅游业发达。

著名大学有海德堡大学、莱比锡大学、罗斯托克大学、法兰克福大学等。

希腊

欧洲南部国家。全称希腊共和国。位于巴尔干半岛南端。北与阿尔巴尼亚、马其顿、保加利亚相邻，东北与土耳其的欧洲部分接壤，东濒爱琴海，南临地中海，西滨伊奥尼亚海。面积131957平方千米。人口1043.2万（2022）。希腊人占总人口的98％以上，其余为马其顿人、土耳其人、保加利亚人、阿尔巴尼亚人等。官方语言为希腊语。首都雅典。

海岸线曲折，多半岛、岛屿。最大半岛是伯罗奔尼撒半岛，最大岛屿是克里特岛。全境4/5为山地。品都斯山脉纵贯希腊中部；品都斯山脉以东的色萨利，是全国最大的内陆山间盆地；盆地东北山地高耸，其中奥林波斯山海拔2917米，为全国最高峰；爱琴海沿岸有狭小而分散的平原。河流短促湍急。属亚热带地中海型气候。

希腊属欧盟经济中等发达

帕提农神庙

国家之一。主要矿产有铝矾土、褐煤、镍、铬、镁、石棉等。工业基础较薄弱，规模较小，主要有采矿、冶金、食品、纺织、船舶、建筑等部门。粮食作物主要有麦类、玉米和水稻。经济作物有烟草、棉花、甜菜等。畜牧业以饲养牛、羊为主。国内运输以公路和海运为主、铁路为辅，对外贸易主要靠海运。旅游业是获得外汇的来源和维持国际收支平衡的重要经济部门。

著名大学有雅典大学、萨洛尼卡大学、克里特大学、佩特雷大学等。

英国

欧洲西部岛国。全称大不列颠及北爱尔兰联合王国。位于欧洲大陆西北海岸以西的不列颠群岛上。西临大西洋，东、南隔北海、多佛尔海峡和英吉利海峡同欧洲大陆相望；陆地上仅与爱尔兰为邻。面积24.41万平方千米。人口6702.6万（2021）。主要为英格兰人、苏格兰人、威尔士人、爱尔兰人。官方语言为英语。首都伦敦。

由大不列颠岛、爱尔兰岛东北部及附近许多岛屿组成。地势总体西北高、东南低。苏格兰大部分地区是高原和山地，格兰扁山脉的主峰本内维斯山海拔1344米，为英国最高峰；中部为巨大断层谷地。威尔士大部分地区为崎岖山地。北爱尔兰大部分地区为高原，地表岗峦起伏，高原中部是内伊湖盆地。奔宁山脉有"英格兰脊骨"之称，纵贯南北。英格兰中、东部是丘陵、断崖、谷地和平原相间分布地区，大部地表起伏和缓。主要河流有塞文河、泰晤士河等。属温带海洋性气候。

英国是发达的资本主义工业国家。矿产资源主要有煤、铁、石油和天然气。工业主要有采矿、冶金、化工、机械、电子、汽车、航空、食品、纺织等部门。生物制药、航空和国防是工业研发的重点，也是最具竞争力的行业。农业以畜牧业为主，种植业次之。农作物主要有麦类、马铃薯、甜菜等。畜牧业以乳牛业最重要，肉牛饲养业发达。渔业发达。公路、铁路、水路、航空运输均较发达。旅游业是重要的经济部门之一。

伊丽莎白塔

著名大学有剑桥大学、牛津大学、帝国理工学院、伦敦大学学院、伦敦政治经济学院、爱丁堡大学等。

荷兰

欧洲西部国家。全称荷兰王国。东邻德国，南接比利时，西、北临北海。面积41528平方千米。人口1784万（2023）。荷兰族占总人口的76.8％，其余为弗里斯族等。官方语言为荷兰语。首都阿姆斯特丹。

风车

全境地势低平，24％的面积低于海平面，1/3的面积仅高出海平面1米。西部沿海为低地，河流、运河、海湾交错；东部为冰碛平原，地势起伏和缓；东南部属阿登高原的边缘，位于比、德、荷三国交界处的法尔斯山海拔321米，为境内最高点。河流主要有瓦尔河、马斯河等。围海造田残留的艾瑟尔湖为荷兰最大的淡水湖。属温带海洋性气候。

荷兰是发达的资本主义工业国家。矿产资源贫乏，但天然气储量丰富。工业发达，主要工业部门有食品、石油化工、冶金、机械、电子、钢铁、船舶、印刷、钻石加工等。荷兰是世界主要造船国家之一，拥有欧洲最大的炼油中心。特别重视发展空间、微电子和生命科学等高技术产业。农业高度集约化，常年位居世界第二大农产品出口国。花卉产业发达。陆、海、空交通便利。旅游业较发达。

著名高等院校有莱顿大学、乌特勒支大学、阿姆斯特丹大学、格罗宁根大学、代尔夫特理工大学等。

法国

欧洲西部国家。全称法兰西共和国。东北和东部同比利时、卢森堡、德国、瑞士、意大利、摩纳哥接壤，东南濒地中海，西南与西班牙、安道尔相邻，西濒比斯开湾，西北隔英吉利海峡与英国相望。面积55万平方千米。人口6804万（2022）。主要为法兰西人，其余为布列塔尼人、巴斯克人、科西嘉人等。通用法语。首都巴黎。

地势东南高、西北低。平原占总面积的2/3。西南为比利牛斯山脉，中南部为中央高原，东至东南为汝拉山、阿尔卑斯山脉，东北为阿登高原、孚日山脉，西北为阿摩里卡丘陵，北中部为巴黎盆地，西部为卢瓦尔河平原，西南为阿基坦盆地，南有罗讷河谷地和地中海沿岸平原。位于法、意边境的阿尔卑斯山主峰勃朗峰海拔4810米，为全国最高峰。河流主要有卢瓦尔河、塞纳河、加龙河等。西部属温带海洋性气候，南部属亚热带地中海型气候，中部和东部属大陆性气候。

法国是发达的资本主义工业国家。有色金属储量很少，铀储量居西欧前列。工业主要有钢铁、汽车、船舶、机械、纺织、化工、电子、建筑等部门，核能、石油化工、海洋、航空和宇航等新兴工业部门发展较快。法国是欧盟最大的农业生产国，已基本实现农业机械化。农作物主要有小麦、大麦、玉米、马铃薯等。畜牧业以饲养牛、猪、羊为主。交通运输业发达，水、陆、空运均极为便利。法国是世界第一大旅游接待国。

著名高等院校有索邦大学、格勒诺布尔第一大学、斯特拉斯堡大学、里昂大学等。

西班牙

欧洲西南部国家。全称西班牙王国。位于伊比利亚半岛。北临比斯开湾，东北接法国和安道尔，东和东南濒地中海，南隔直布罗陀海峡与非洲摩洛哥相望，西邻葡萄牙。面积50.6万平方千米。人口4761.5万（2023）。主要为西班牙人（卡斯蒂利亚人），少数民族有加泰罗尼亚人、加利西亚人、巴斯克人。西班牙语为官方语言和通用语言，少数民族语言在本地区亦为官方语言。首都马德里。

地形以山地、高原为主。中部梅塞塔高原东高西低，约占国土面积的60%。中央山脉将高原分为南、北两大盆地：老卡斯蒂利亚盆地和新卡斯蒂利亚盆地。高原西部发育有狭长深邃的峡谷；南部为佩尼韦蒂科山，其中穆拉森山海拔3478米，为西班牙最高点；东北边缘为伊比利亚山；西北为加利西亚丘陵。河流众多，最长河流为塔霍河。中部高原属大陆性气候，北部和西北部沿海属温带海洋性气候，南部和东南部属亚热带地中海型气候。

西班牙是中等发达的资本主义工业国家。矿产丰富，主要有煤、铁、铜、锌、汞等。工业主要包括纺织、食品、汽车、冶金、化工、电力等部门。农作物主要有麦类、玉米、甜菜、橄榄等。橄榄的种植面积及橄榄油的产量均居世界首位。畜牧业以饲养猪、牛、羊为主。渔业以海洋捕捞为主。交通以陆路运输为主。旅游业发达，是国民经济的重要支柱之一。

主要有马德里康普顿斯大学、萨拉曼卡大学、巴塞罗那大学等高等院校。

阿尔汗布拉宫

意大利

欧洲南部国家。全称意大利共和国。北部与法国、瑞士、奥地利和斯洛文尼亚接壤，东、南、西三面分别濒临亚得里亚海、伊奥尼亚海、第勒尼安海和利古里亚海。面积301333平方千米。人口5885万（2022）。主要为意大利人。主要讲意大利语，个别边境地区讲法语和德语。首都罗马。

阿尔卑斯山脉呈宽阔的弧形分布在北部，位于法、意边境的勃朗峰海拔4810米，为全国最高峰；亚平宁山脉纵贯南北，一直延伸至西西里岛，沿海两侧为狭长平原；波河平原位于阿尔卑斯山脉与亚平宁山脉之间，是全国最大和最主要的平原。波河为全国第一大河。加尔达湖为面积最大的湖泊。大部分地区属地中海型气候。

意大利是发达的资本主义工业国家。矿产资源贫乏，仅有天然气、硫黄、铅、锌和铝矾土等。工业主要有钢铁、汽车、石油化工、机械、家用电器、船舶、建筑、纺织、服装、食品等部门。农作物以小麦、玉米、水稻、葡萄、油橄榄为主。葡萄酒和橄榄油产量分别位居世界第一和第二。畜牧业以饲养羊、牛、猪和家禽为主。渔业以海洋捕捞为主。国内运输主要依靠公路,铁路、水路和航空运输也较发达。旅游业发达。

著名大学有博洛尼亚大学、罗马大学、帕多瓦大学等。

罗马竞技场

埃及

非洲东北部国家。全称阿拉伯埃及共和国。领土包括亚洲西南端的西奈半岛。北濒地中海,东临红海并与巴勒斯坦、以色列接壤,南与苏丹交界,西与利比亚为邻。面积100.145万平方千米。人口约1.04亿(2022)。主要为埃及人。官方语言为阿拉伯语,中上层通用英语、法语。首都开罗。

地形以高原为主,沙漠广布。尼罗河在国境偏东部分由南向北贯穿全境,形成狭长的河谷走廊,并在开罗以北形成尼罗河三角洲。尼罗河谷以西为西部沙漠,以东为东部沙漠。西奈半岛为一切割高原,许多干谷贯穿半岛;南部地势高峻,凯瑟琳山海拔2637米,是全国最高峰。尼罗河三角洲和北部沿海地区属亚热带地中海型气候,其余大部分地区属热带沙漠气候。

矿产资源主要有石油、天然气、磷酸盐、铁等。工业以纺织、食品等轻工业为主。石油、钢铁、水泥、化肥、机械、电力等工业近年来有较大发展。农作物主要有棉花、小麦、水稻、玉米、甘蔗、水果和蔬菜等。粮食不能自给，是世界上主要的粮食进口国之一。交通运输便利，海、陆、空运能力增长较快。旅游业是国家四大外汇收入来源之一。

著名高等院校有开罗大学、爱兹哈尔大学等。

尼日利亚

非洲西部国家。全称尼日利亚联邦共和国。西接贝宁，北邻尼日尔，东北接乍得，东连喀麦隆，南濒几内亚湾。面积923768平方千米。人口2.06亿（2020），居非洲第一位。有250多个民族和部族，最大的是北部的豪萨—富拉尼族，占29%；西南部的约鲁巴族占21%，东部的伊博族占18%。官方语言为英语。全国划分36个州和1个联邦首都区。

首都阿布贾。

尼日利亚地势高低相间，北部为高地，乔斯高原在中间突起，一般海拔1200米。西北部是索科托河谷盆地，东北部是乍得湖湖西盆地。中部是尼日尔—贝努埃河谷地。东部边境为山地，属喀麦隆高原。福格尔峰海拔2042米，为全国最高点。南部为低山丘陵。沿海是带状平原，居中的尼日尔河三角洲面积3.6万平方千米，为非洲面积最大的河口三角洲。非洲第三大河尼日尔河及其支流贝努埃河等流贯大部国土。乍得湖位于尼日利亚与尼日尔、乍得、喀麦隆等国交接处。海岸线长约800千米，沿岸

尼日尔河三角洲自然景观

多沙洲、沼泽和湖。全境地处热带，南部沿海地区属热带雨林气候，向北过渡到热带草原气候，东部边境山地属热带高地气候。自然资源丰富，主要有石油、天然气、煤、石灰石、大理石、铁矿、锌矿以及锡、铌、钽和铀等。

尼日利亚以采矿业和农业为主。核心产业为油气产业，其他工业还有纺织、车辆装配、水泥、化工、电力等。主要农产品包括木薯、玉米、高粱、小米、稻米、花生、棕榈、可可、腰果、橡胶等。尼日利亚为世界第四大可可生产国和第三大出口国。公路是尼日利亚的交通命脉。铁路大多数为窄轨单轨线。旅游资源丰富，古迹众多，但开发不足。

素有"非洲文化摇篮"的美誉。2000 多年前就孕育了诺克、伊费、贝宁等文化。著名大学有艾哈迈德·贝罗大学、拉各斯大学、伊巴丹大学、尼日利亚大学和伊费大学等。

南非

非洲南部国家。全称南非共和国。位于非洲大陆最南端。东、西、南三面临印度洋和大西洋，隔南大洋与南极洲相望。南部非洲国家大部分位于南非高原及其周边区域。通常地理意义上的南部非洲包括马拉维、赞比亚、博茨瓦纳、斯威士兰、莱索托、马达加斯加、毛里求斯、莫桑比克、安哥拉、科摩罗、津巴布韦、南非、纳米比亚等 13 个国家，周边海域还有圣赫勒拿（英）、留尼汪（法）等海外领域。面积约 654 万平方千米，占非洲大陆面积的 21.70％。人口约 3 亿（2021），占非洲 23.1％。以班图语系的黑种人为主。外来移民较多，欧裔和亚裔居多。官方语言主要为英语，其次有葡萄牙语、法语。行政首都比勒陀利亚，立法首都开普敦，司法首都布隆方丹。

南非全境大部分为高原，一半领土海拔高于 1000 米。沿海为平原，海拔不超过 500 米。可分为三个地形区：地势由东南向西、西北降低的内陆高原，围绕内陆高原东、南、西三面的长达 2000 千米的弧形大断崖和沿海地带。大部属亚热带大陆性气候，南部沿海及德拉肯斯山脉迎风坡为海洋性气候，西南沿海为地中海型气候。矿产资源丰富，黄金、金刚石等储量居世界前列。

南非农业发达，粮食自给有余，有少量出口。制造业发展很快，拥有非洲最大的钢铁、机器制造和化学工业。采矿业是重要的经济部门。交通发达。旅游业是当前南非发展最快的行业，生态旅游与民俗旅游为其两大主要增长点。南非属世界中等收入和非洲经济最发达、经济开放程度较高的国家。

澳大利亚

大洋洲国家。全称澳大利亚联邦。北隔帝汶海和阿拉弗拉海与印度尼西亚、东帝汶、巴布亚新几内亚相望，东濒珊瑚海和塔斯曼海，西、南临印度洋。面积 769.2 万平方千米。人口 2612 万（2022）。英国及爱尔兰后裔占总人口的 74%，亚裔占 5%，土著居民占 2.7%。通用英语。首都堪培拉。

澳大利亚大陆为地表起伏最为和缓的大陆。西部高原地形平坦，其中 35% 的地区为荒漠与半荒漠；中部平原由北向南被东西向的低山分隔成卡奔塔利亚平原、澳大利亚大盆地，以及巴里尔岭和格雷岭以南的沿海平原三部分；东部山地又称大分水岭地区，为一系列山脉、台地和谷地错综交接的弧形狭长地带，科西阿斯科山海拔 2228 米，为大陆最高点。东北部沿海有世界最大的珊瑚礁群——大堡礁。墨累－达令河水系是全国最大水系。北部属热带气候，大部分地区属温带气候。

澳大利亚是后起的工业化国家。矿产资源丰富，铅、镍、银、铀、锌、钽的探明经济储量居世界首位。工业以制造业、建筑业和矿业为主，纺织和食品是重要的轻工业部门。农牧业发达，是世界上最大的羊毛和牛肉出口国。农作物主要有小麦、大麦、高粱、棉花、油菜、甘蔗等，畜牧业以饲养羊、牛、家禽为主。渔业资源丰富，是世界第三大捕鱼区。国际海、空运输业发达。旅游业是发展最快的行业之一。

著名高等院校有澳大利亚国立大学、墨尔本大学、悉尼大学、新南威尔士大学、昆士兰大学等。

新西兰

大洋洲岛国。位于太平洋西南部。西北隔塔斯曼海与澳大利亚相望。面积约27万平方千米。人口522.81万（2023）。欧洲移民后裔占总人口的70%，毛利人占17%，亚裔占15%。官方语言为英语、毛利语。首都惠灵顿。

由南岛、北岛两个大岛和周围的许多小岛组成。全境多山，平原狭小，山地和丘陵占全国面积的75%以上。北岛中部有大面积的火山高原，多温泉。南岛主脊为纵贯全岛的南阿尔卑斯山，多冰河与湖泊；库克峰海拔3764米，为全国最高峰。两岛间的库克海峡沟通塔斯曼海与南太平洋。除北岛北部为亚热带气候外，其余均属温带海洋性气候。

新西兰属发达国家。矿产资源主要有煤、金、铁、银、石油等。森林资源丰富。工业以农林牧产品加工为主，主要有食品、毛毯、皮革、烟草、造纸和木材加工等部门。农业高度机械化。农作物主要有麦类、水果等。粮食不能自给。畜牧业发达，是国民经济的基础。羊肉、奶制品和羊毛出口量居世界前三名。渔产丰富，拥有世界第四大专属经济区。交通运输业发达，进出口货物主要靠海运。旅游业发达。

著名大学有奥克兰大学、奥塔哥大学、坎特伯雷大学等。

牧羊人教堂

加拿大

北美洲北部国家。北濒北冰洋，东北隔巴芬湾与格陵兰岛相望，东濒大西洋，南与美国本土毗邻，西临太平洋，西北与美国阿拉斯加州接壤。面积998.47万平方千米。人口3950万（2022）。主要为英、法等欧洲人后裔，土著居民（印第安人、米提人和因纽特人）约占3%，其余为亚洲、拉美、非洲裔等。官方语言为英语和法语。首都渥太华。

全国分为六大地形区。中、东部是劳伦琴低高原。中部平原区介于劳伦琴低高原与落基山脉之间。大湖—圣劳伦斯低地位于劳伦琴低高原东南。阿巴拉契亚高地延伸于大西洋沿岸诸省。西部是北美科迪勒拉山系的组成部分，包括落基山脉、海岸山脉两列山带和宽广的山间高原，其中洛根山海拔5951米，为加拿大最高峰。北极群岛北部各岛地势较高，南部各岛以高原和平原为主。河湖众多。马更些河为加拿大第一长河。北极群岛和北部沿岸地带属极地苔原气候，极地苔原区以南属亚寒带大陆性气候，太平洋沿岸属温带海洋性气候，南部狭长地带属温带大陆性气候。

多伦多天际线

加拿大是发达的资本主义工业国家。矿产资源丰富，主要有钾、铀、钨、镉、镍、铅等。原油储量居世界第三。制造业、高科技产业发达，资源工业、初级制造业和农业是国民经济的主要支柱。制造业主要有机械、炼油、化工、冶金、造纸、木材加工等部门。农业机械化、专业化水平高。主要种植小麦、大麦、亚麻、燕麦、油菜、玉米、饲料用草等。畜牧业以饲养肉牛和乳牛为主。渔业发达，是世界上最大的渔产品出口国。水、陆、空运均十分便利。旅游业发达。

著名高等学府有多伦多大学、不列颠哥伦比亚大学、麦吉尔大学等。

美国

北美洲国家。全称美利坚合众国。本土位于北美大陆中南部。北与加拿大为邻，东濒大西洋，东南临墨西哥湾，西南与墨西哥毗连，西濒太平洋。领土还包括北美洲西北部的阿拉斯加和北太平洋中部的夏威夷群岛。面积937万平方千米。人口约3.33亿（2022）。白种人约占总人口的57.8%，拉美裔占18.7%，黑种人约占12.4%，亚裔约占6%。通用英语。首都华盛顿。

本土东、西部高，中部低，明显分为三个纵列带。东部是阿巴拉契亚高地和沿海平原。阿巴拉契亚高地的西南部自东向西依次为山麓台地、蓝岭、岭谷区和阿巴拉契亚高原，东北部以新英格兰高地为主体。中部平原介于阿巴拉契亚高地与落基山脉之间，分为东部内陆低原和西部大平原两部分。西部是科迪勒拉山系，主要由落基山脉、喀斯喀特－内华达山脉、海岸山脉三组山脉和一系列山间高原、盆地、谷地组成。阿拉斯加的迪纳利山（麦金利山）海拔6190米，为全国最高峰。河湖众多。密西西比河纵贯本土南北，是世界第四长河。中北部边境的五大湖是世界最大的淡水湖群。本土大部分属温带和亚热带，仅佛罗里达半岛南端属热带；气候的地域差异明显,类型复杂多样。阿拉斯加和夏威夷群岛，分别属亚寒带大陆性气候和热带海洋性气候。

自由女神像

美国是发达的资本主义工业国家。矿产资源丰富，煤、石油、天然气、铁、钾、磷酸盐、硫黄等的储量均居世界前列。工业发达，门类齐全。主要有汽车、航空设备、计算机、电子和通信设备、钢铁、石油产品、化肥、水泥、塑料、新闻纸、机械等工业产品。近年来，信息、生物等高科技产业发展迅速。农业高度发达，并以区域专门化、机械化和商品化为特点。玉米、小麦、大豆、棉花等的产量均居世界领先地位。畜牧业以养牛业居首，养禽业次之。拥有完整而便捷的交通运输网络。旅游业发达。

著名高等学府有哈佛大学、麻省理工学院、普林斯顿大学、耶鲁大学、哥伦比亚大学、芝加哥大学、斯坦福大学等。

墨西哥

拉丁美洲国家。全称墨西哥合众国。位于北美洲南部。北邻美国，东临墨西哥湾和加勒比海，南接危地马拉、伯利兹，西南濒太平洋。面积196.44万平方千米。人口1.28亿（2020）。印欧混血种人和印第安人占总人口的90％以上。官方语言为西班牙语。首都墨西哥城。

全境5/6是高原和山地。东、西、南马德雷山脉由东、西、南三面环抱墨西哥高原。东马德雷山脉多火山和熔岩高原，西马德雷山脉由许多平行

山脉组成。墨西哥高原地势由西北向东南升高，北部高原内有许多被低山围绕的沉积盆地，南部高原内有许多湖泊和山间谷地。北纬19°线附近耸立着横断火山带。奥里萨巴火山海拔5610米，为全国最高峰。横断火山带以南为东西向大断层。大断层以南为南马德雷山脉。东、西两侧的沿海平原和尤卡坦半岛地势较低。西北内陆为大陆性气候，墨西哥高原终年气候温和，沿海和东南部平原属热带气候。

墨西哥为拉美地区经济比较发达的国家。矿业资源丰富，主要有石油、天然气、金、银、铜、铅、锌、砷、铋、汞、镉、锑等。工业门类齐全，主要有石油化工、电力、采矿、冶金、制造等部门。农业以种植玉米、高粱、小麦、棉花、甘蔗等为主。畜牧业以饲养牛、猪、羊为主。养蜂业比较发达。交通运输以

公路和航空为主。旅游业发达。

墨西哥国立自治大学是全国规模最大、历史最悠久的大学。

巴西

拉丁美洲国家。全称巴西联邦共和国。位于南美洲东部。北邻法属圭亚那、苏里南、圭亚那、委内瑞拉和哥伦比亚，西界秘鲁、玻利维亚，南接巴拉圭、阿根廷和乌拉圭，东濒大西洋。面积851.03万平方千米。人口2.15亿（2022）。白种人占总人口的53.74%，黑白混血种人占38.45%，黑种人占6.21%。官方语言为葡萄牙语。首都巴西利亚。

地形以高原和平原为主。国境北部是圭亚那高原的一部分，自北向南倾斜，其中内布利纳峰海拔3014米，为全国最高峰。巴西高原从东北向西南延伸，地面平缓，起伏不大。

亚马孙平原位于圭亚那高原与巴西高原之间，是世界最大的冲积平原。从北部到东部的大西洋沿岸为狭窄的沿海平原。巴西高原的西南侧为巴拉圭盆地。河流主要有亚马孙河、巴拉那河、圣弗朗西斯科河等。大部分地区属热带气候，仅最南端属亚热带气候。

经济实力居拉美首位。矿产资源丰富，铌、锰、钛、铝矾土、铅、锡、铁、铀等的储量均居世界前列。工业基础较雄厚，主要有钢铁、汽车、船舶、石油、水泥、化工、冶金、电力、建筑、纺织、制鞋、造纸、食品等部门。民用支线飞机制造和生物燃料居世界领先水平。农业以种植大豆、玉米、水稻等为主。咖啡、甘蔗、柑橘、大豆产量居世界首位。巴西还是世界上最大的牛肉和鸡肉出口国。交通主要依赖公路、铁路和水运，远洋运输和航空较发达。巴西是世界十大旅游创汇国之一。

著名高等学府有圣保罗大学、里约热内卢联邦大学、巴西利亚大学等。

阿根廷

南美洲国家。全称阿根廷共和国。位于南美洲东南部。北与玻利维亚、巴拉圭交界，东北与乌拉圭、巴西接壤，东濒大西洋，南与南极洲隔海相望，西邻智利。面积 278.04 万平方千米（不含马尔维纳斯群岛和阿根廷主张的南极领土）。人口 4604 万（2022）。白种人和印欧混血种人占总人口的 95%，多为西班牙和意大利移民后裔。官方语言为西班牙语。首都布宜诺斯艾利斯。

地势西高东低。西部是以安第斯山脉为主体的山地，其中阿空加瓜山海拔 6960 米，是南美洲第一高峰。东部拉普拉塔平原包括北部的查科平原和中部、东部的潘帕斯草原。南

布宜诺斯艾利斯方尖碑

部是以台地为主的巴塔哥尼亚高原。最重要的河流为巴拉那河。湖泊主要有阿根廷湖、别德马湖等。北部和中部属亚热带气候，南部为温带气候。

阿根廷是拉美地区综合国力较强的国家。矿产资源丰富，主要有石油、天然气、铜、金、铀、铅、锌、硼酸盐、黏土等。工业门类齐全，主要有钢铁、汽车、石油、化工、纺织、机械、食品等部门。核工业发展水平居拉美前列。农牧业发达，是世界粮食和肉类重要生产和出口国。主要种植大豆、玉米、小麦、高粱、向日葵等。畜牧业以饲养牛、猪、羊为主。渔业资源丰富。陆、海、空运均较发达，交通运输以陆运为主。旅游业发达。

著名大学有布宜诺斯艾利斯大学、拉普拉塔国立大学、科尔多瓦国立大学等。

下篇

中国

全称中华人民共和国。位于亚洲东部、太平洋西岸。陆地上与朝鲜、俄罗斯、蒙古、哈萨克斯坦、吉尔吉斯斯坦、塔吉克斯坦、阿富汗、巴基斯坦、印度、尼泊尔、不丹、缅甸、老挝和越南相毗邻。面积约960万平方千米。人口141175万（2022）。有56个民族，汉族占人口的91.11％。通用汉语。首都北京。

中国大陆地势西高东低，自西向东呈三级阶梯逐级下降。第一级阶梯是青藏高原，海拔在4000～5000米。中国与尼泊尔交界处的珠穆朗玛峰海拔8848.86米，是世界最高峰。第二级阶梯位于青藏高原外缘至大兴安岭、太行山、伏牛山、巫山、雪峰山之间，主要由海拔1000～2000米的高原和盆地组成。新疆吐鲁番盆地的艾丁湖湖面海拔-154.31米，是中国大陆最低点。第三级阶梯是东部宽广的平原和丘陵，主要有海拔不及200米的东北平原、华北平原、长江中下游平原和珠江三角洲等。江河众多。河流大多顺地势向东、向南流入海洋。长江、黄河分别是中国第一、第二大河。湖泊众多。西部多咸水湖，青海湖是中国面积最大的咸水湖；东部多淡水湖，主要有鄱阳湖、洞庭湖、太湖等。近海分为渤海、黄海、东海和南海四个海域。辽阔的海域中分布着7600多个岛屿，其中台湾岛最大。气候类型多样，以亚热带、暖温带、温带为主。中国大部属季风区，大陆性气候强烈。

已发现矿产173种。其中钨、锑、稀土、钼、钒、钛等的探明储量居世界首位。煤、铁、铅、锌、铜、银、汞、锡、镍、磷、石棉等的储量居世界前列。现有工业门类齐全、体系完整，加工工业在国民经济中起主导作用。农业结构不断调整，主要农产品稳步增产。粮食、棉花、糖料、油菜籽、花生、大豆、茶叶等的产量居世界前茅。畜牧业以饲养猪、牛、羊、马为主。国内综合运输网已形成，以铁路为骨干，公路、水运、航空等辅助配合。旅游资源极为丰富，仅世界遗产就有59处。

中华民族

中国各民族的总称。分布在中国大陆、香港、澳门、台湾省。"中华"一词古代与中国、中原的地域观念相通，与华夏子民、中原汉人相系。"中华"与"民族"合为一体始于近代，是1840年以后中国人认识世界、认识自我、救亡图存的近代民族意识觉醒的产物。中华人民共和国成立后，中华民族成为中国各民族人民的总称。包括56个民族：汉、蒙古、回、藏、维吾尔、苗、彝、壮、布依、朝鲜、满、侗、瑶、白、土家、哈尼、哈萨克、傣、黎、傈僳、佤、畲、高山、拉祜、水、东乡、纳西、景颇、柯尔克孜、土、达斡尔、仫佬、羌、布朗、撒拉、毛南、仡佬、锡伯、阿昌、普米、塔吉克、怒、乌孜别克、俄罗斯、鄂温克、德昂、保安、裕固、京、塔塔尔、独龙、鄂伦春、赫哲、门巴、珞巴、基诺。

此外，还有一些尚待识别的民族。通用汉语。

北京市

中华人民共和国首都、中央直辖市。简称京。位于中国北部偏东、华北平原北端。周围与河北省和天津市毗邻。面积约1.7万平方千米。常住人口2184万（2022）。有汉、满、回、蒙古等族。

春秋战国时为燕都。辽为陪都，称南京。金时正式建都，称中都。元为大都。明永乐（1403～1424）年间迁都于此，称北京。1644年清迁都于此。民国初亦定都于此。1928年改为北平。1949年10月1日，中华人民共和国成立，改称北京，作为首都。

地势西北高、东南低。西部为西山，北部、东部为军都山。东南部为冲积平原。较大的河流有永定河、潮白河、北运河、沟河、拒马河等。属典型的温带大陆性气候。

已发现矿产120多种。北京是中国高新技术产业及金融、商贸、信息中心和工业基地之一，工业主要有机械、化工、钢铁、汽车制造、纺织、电子、仪表、建材、食品等门类。农作物主要有小麦、水稻、玉米、棉花、花生等。近郊以生产蔬菜、禽蛋、肉类、乳品等副食为主，远郊以种植粮食、油料作物为主。

天安门

北京是中国的文化中心，有北京大学、清华大学、中国人民大学等高等院校，中国科学院、中国社会科学院等科研机构，故宫博物院、中国国家博物馆、中国人民革命军事博物馆等大型博物馆，以及国家图书馆和首都图书馆两大图书馆。

北京是中国历史文化名城。故宫、天坛、北海、天安门、中山公园、景山、颐和园、香山、明十三陵、八达岭长城、周口店遗址博物馆等，均为举世闻名的游览胜地。

天津市

中国中央直辖市。简称津。位于中国北部偏东、华北平原东北部。北依燕山余脉，东临渤海湾。除西北小部分与北京市接壤外，其余皆与河北省相邻。面积约1.2万平方千米。常住人口1363万（2022）。有汉、回、满、蒙古、藏等族。

金设直沽寨。元改为海津镇。明始名天津，置天津卫及天津左卫、天津右卫。清改为直隶州，后升为天津府。1913年废府留县。1928年改为直辖特别市。1930年改为天津市。

地势北高南低。除北部是燕山南侧的山地外，其余均为冲积平原。河流主要有海河、蓟运河。属暖温带半湿润季风气候。

已探明具有开采价值的矿产20多种。天津是中国沿海老工业基地之一。汽车及机械装备、电子、化工、冶金是天津的四大支柱产业。农业以粮食生产为主。粮食作物主要有小麦、玉米、水稻等。经济作物主要有花生、棉花、麻类等。海河沿岸和渤海沿岸盛产水产品。

有南开大学、天津大学等高等院校。

天津是中国历史文化名城。名胜古迹主要有独乐寺、黄崖关长城、清真大寺、大悲禅院、大沽口炮台遗址、望海楼、广东会馆等。

河北省

简称冀。位于中国北部偏东、黄河下游以北。东临渤海，西接山西省，北连辽宁省与内蒙古自治区，南邻山东、河南两省，环布北京、天津两市周围。面积约19万平方千米。常住人口7420万（2022）。有汉、满、回、蒙古、壮、朝鲜等族。省会石家庄。

春秋战国时为燕、赵之地。汉分属幽州、冀州刺史部。唐属河北道。元属中书省。明直隶北京六部，通称北直隶。清为直隶省。1928年改为河北省。

地势西北高、东南低。北部为燕山，西北部为坝上高原，西为太行山，东南部为冲积平原。主要有海河、滦河两大水系。湖泊有白洋淀等。属中温带、暖温带大陆性季风气候。

已发现矿产150多种。工业布局较合理，主要工业门类有纺织、日用陶瓷、煤炭、石油、机械、化工、建材等。粮食作物以小麦、玉米、水稻为主。经济作物以棉花和油料作物为主。畜牧业以饲养牛、马、驴、猪、羊为主。经济林木种类较多。浅山和丘陵地区历来为中国著名的梨、枣、柿、栗产区。沿海有鱼、虾、蟹、贝等海产品。

有燕山大学、河北大学、河北工业大学等高等院校。

河北文物古迹和风景名胜众多。文物古迹有隆兴寺、响堂山石窟、赵州桥、承德避暑山庄、清东陵、清西陵和西柏坡中共中央旧址等，风景名胜有北戴河、苍岩山等。

山西省

简称晋。位于中国北部、黄土高原东部。东与河北省为邻，西隔黄河与陕西省相望，北与内蒙古自治区毗连，南与河南省接壤。面积约16万平方千米。常住人口3481万（2022）。有汉、回、满、蒙古、朝鲜等族。省会太原。

春秋属晋。战国分属赵、魏、韩。秦属河东、上党、太原、雁门等郡。汉时大部属并州刺史部。隋属冀州刺史部。唐为河东道。宋为河东路。元属中书省。明置山西布政使司。清始称山西省。

地势东西高、中间低。东侧是太行山、恒山、五台山等山地，西侧是以吕梁山为主体的山地和晋西黄土高原，中间为晋中盆地。属于黄河水系的河流主要有汾河、沁河、涑水河等，属于海河水系的河流主要有桑干河、滹沱河等。属温带大陆性半湿润季风气候。

已发现矿产120多种。山西的工业以重工业占优势，其中煤炭、电力、钢铁、机械、有色冶金和化工等门类尤为突出。小麦和玉米是本省主粮。经济作物以棉花和油料作物为主。畜牧业以饲养猪、羊、牛为主。经济林有核桃、枣、花椒、柿等。

有山西大学、太原理工大学等高等院校。

山西文物古迹和风景名胜众多。文物古迹有平遥古城、晋祠、天龙山石窟、云冈石窟、悬空寺、应县木塔、平遥双林寺、永乐宫、解州关帝庙、丁村遗址等，风景名胜有恒山、五台山、壶口瀑布等。

平遥古城

内蒙古自治区

简称内蒙古。位于中国北部边疆地区。北部和东北部与蒙古、俄罗斯交界，东临黑、吉、辽，南靠冀、晋、陕，西与甘、宁接壤。面积约118万平方千米。常住人口2401万（2022）。有汉、蒙古、满、回、朝鲜、达斡尔、鄂温克等族。首府呼和浩特。

战国属赵、燕等国及中国北方少数民族匈奴、东胡之地。秦汉属匈奴、乌桓、鲜卑之地及五原、朔方、云中、辽西等郡。唐置丰、胜、云、营、灵、夏等州。元属上都、集宁、全宁、净州、应昌等路（府）。清属内蒙古、察哈尔、山西。1928年分置热河、察哈尔、绥远等省。1947年设立内蒙古自治区。

境内以高原为主。内蒙古高原西部是巴丹吉林、腾格里、乌兰布和、库布齐等沙漠，东部为辽阔草原；边缘有大兴安岭、阴山、贺兰山等山脉；大兴安岭东麓、阴山脚下和黄河岸边有嫩江西岸平原、西辽河平原、土默川平原、河套平原。外流河有黄河、永定河、滦河、西辽河、嫩江、额尔古纳河，内流河有乌拉盖尔河、昌都河、塔布河等。湖泊众多，有呼伦湖、贝尔湖、达来诺尔、岱海、乌梁素海等。大部分属温带大陆性季风气候。

已发现矿产130多种。已形成包括煤炭、纺织、冶金、机械、电力、食品、森工、电子、皮革、皮毛、化工、造纸等门类，具有民族和地区特色的工业经济体系。粮食作物主要有小麦、玉米、水稻、谷子、莜麦等。经济作物以甜菜和油料作物为主。畜牧业以饲养羊、牛、猪、马、骆驼为主。

有内蒙古大学、内蒙古工业大学等高等院校。

文物古迹和风景名胜主要

有成吉思汗陵、响沙湾、昭君墓、元上都遗址、五当召，以及海拉尔西山国家森林公园、大青沟自然保护区等。

辽宁省

简称辽。位于中国东北地区南部。西南与河北省交界，西北与内蒙古自治区毗邻，东北与吉林省接壤，东南隔鸭绿江与朝鲜相望，南临渤海和黄海。面积约 15 万平方千米。常住人口 4197 万（2022）。有汉、满、蒙古、回、朝鲜、锡伯等族。省会沈阳。

战国属燕国，设有辽东、辽西和右北平等郡。唐置安东都护府（辽阳）、营州都督府（朝阳）。明初设辽东都司辖铁岭等 25 卫。清初为盛京将军辖地，清末改为奉天省。1929 年改为辽宁省。

地势大体上从东南部和西北部向中央倾斜。东、西两侧为低山丘陵，主要有千山、努鲁儿虎山等；中部为辽河平原。河流主要有辽河、鸭绿江、浑河、太子河、绕阳河、大凌河、小凌河等。属温带、暖温带季风气候。

已发现矿产 110 多种。工业化水平高，已形成以冶金、机械、石油化工、电子、建材等门类为主体的工业体系。有全国最大的钢铁基地。柞蚕丝产量居全国第一。粮食作物以玉米、水稻、大豆为主。经济作物以油料作物和烟草为主。畜牧业以饲养猪、马、牛为主。渔业以海洋渔业为主。

有大连理工大学、东北大学、大连海事大学等高等院校。

文物古迹和风景名胜众多。文物古迹主要有沈阳故宫、关外三陵、奉国寺、北镇庙、牛河梁遗址、姜女石遗址等，风景名胜主要有千山、鸭绿江、金石滩、兴城海滨等。

吉林省

简称吉。位于中国东北地区中部。东与俄罗斯接壤，东南以图们江、鸭绿江为界与朝鲜相望，西南接辽宁省，西接内蒙古自治区，北邻黑龙江省。面积约 19 万平方千米。常住人口 2348 万（2022）。有汉、朝鲜、满、蒙古、回、锡伯等族。省会长春。

历史上长期是满、蒙古、朝鲜等少数民族活动和聚居之地。西周为肃慎地。汉属夫余。唐建渤海国。宋建金国。元属辽阳行省。明属辽东都司和奴儿干都司。清末始设吉林省。

地势东南高、西北低。东南部有长白山、龙岗山、吉林哈达岭、大黑山等山地、丘陵，山间有延吉、浑江和敦化等盆地；中西部为松嫩平原和辽河平原。河流主要有松花江、鸭绿江、图们江、绥芬河、浑江等。湖泊主要有长白山天池、松花湖等。属温带大陆性季风气候。

已发现矿产近 140 种。已建立起以汽车、石油化工为支柱产业，以电子、医药、食品为优势产业，覆盖冶金、机械、纺织、建材、煤炭、电力、森工等传统产业的新型工业体系。种植业以种植玉米、水稻、小麦、大豆、向日葵、甜菜、烟草、蔬菜、水果、食用菌等为主。吉林是全国商品牛、细毛羊的重要产地之一。

吉林雾凇

有吉林大学、东北师范大学等高等院校。

名胜古迹众多，有长白山、向海、三角龙湾自然保护区，松花湖、防川风景名胜区，五女峰、净月潭国家森林公园，以及罗通山城、高句丽古迹、伪满皇宫博物院等。吉林雾凇是中国四大自然景观之一。

黑龙江省

简称黑。位于中国东北部。东部和北部以乌苏里江、黑龙江为界与俄罗斯相邻，西接内蒙古自治区，南连吉林省。面积约46万平方千米。常住人口3099万（2022）。有汉、满、朝鲜、蒙古、回、达斡尔、锡伯、鄂伦春、赫哲等族。省会哈尔滨。

古为肃慎地。汉为夫余地。唐设黑水、渤海、室韦都督府。辽建置五国部节度使、生女真节度使等。元属辽阳行省。明属辽东都司和奴儿干都司。清初为黑龙江将军辖地，清末改为黑龙江省。

地势大体西北高，东南略低，西南、东北低平。山地、平原交错分布。山地分为东部山地、小兴安岭、大兴安岭，平原分为三江平原、松嫩平原。河流有黑龙江、松花江、乌苏里江等。湖泊有兴凯湖、镜泊湖、五大连池等。属寒温带大陆性季风气候。

已发现矿产130多种。黑龙江省是中国重要的工业基地，已建立起以能源、机械、森工、化工、冶金、纺织、食品、电子等门类为重点的工业体系。黑龙江省是中国重要的粮食、大豆产区。粮食作物以水稻、小麦、玉米、大豆为主。经济作物以亚麻、甜菜、烟草、向日葵为主。畜牧业以饲养牛、羊、猪、马、家禽为主。

有哈尔滨工业大学、哈尔滨工程大学等高等院校。

名胜古迹众多，主要有兴凯湖、镜泊湖、五大连池、牡丹江地下森林、扎龙自然保护区、七星砬子自然保护区、北极村，以及珍宝岛、松峰山、太阳岛等。

上海市

中国中央直辖市。简称沪。别称申。全国最大的经济中心和第一大港。位于亚洲大陆东沿、长江和钱塘江入海汇合处。北界长江，南临杭州湾，东濒东海，西接江苏、浙江两省。面积约 6340 平方千米。常住人口 2476 万（2022）。有汉、回、满等族。

春秋属吴。战国先属越，后属楚，战国末年为楚相春申君黄歇封地。唐属华亭县。南宋始设上海镇。元至元时置上海县。1927 年置上海市。1928 年定为特别市。1930 年改为直辖市。

上海是长江三角洲的组成部分。地势总趋势由东向西略微倾斜。除西部松江一带有佘山、天马山等少数孤立残丘外，境内均为海拔不超过 5 米的平原。河流主要有黄浦江、吴淞江（苏州河）等。湖泊有淀山湖等。属北亚热带海洋性季风气候。

上海是中国重要的工业基地，近年在振兴纺织工业的基础上，形成了汽车、电子、电站成套设备、钢铁、石油化工和精细化工、生物医药六大支柱工业。农作物以水稻、麦类、棉花、油菜、蔬菜、水果为主。郊区建有猪、家禽饲养场。

外滩风光

上海是中国的科技、教育、文化中心之一，有复旦大学、同济大学、上海交通大学等高等院校，以及东方明珠广播电视塔、上海国际会议中心等文化机构。

上海是中国历史文化名城，有中共一大会址、豫园、外滩建筑群、龙华寺、醉白池，以及大世界游乐中心、迪士尼乐园等游览胜地。

江苏省

简称苏。位于长江、淮河下游。东濒黄海，东南与上海市毗连，南邻浙江省，西邻安徽省，北接山东省。面积约 10 万平方千米。常住人口 8515 万（2022）。有汉、回、苗、土家、蒙古、满、侗等族。省会南京。

春秋分属吴、宋等国。战国时为楚、越、齐国的一部分。西汉分属徐州郡和扬州郡。三国，苏南属吴，苏北属魏。明建应天府，直属南京。清康熙时置江苏省。

地形以平原为主，包括北部徐淮平原、中部里下河平原、苏北滨海平原和东南部长江三角洲。低山丘陵主要分布在省境西南部和东北部。境内河网稠密、湖荡众多。河流主要有长江、淮河、沂河、沭河等，湖泊主要有太湖、洪泽湖、高邮湖等。地处暖温带季风气候和亚热带季风气候的过渡地带。

已发现矿产 130 多种。江苏是全国的经济大省，已形成机械、纺织、化工、电子及通信设备、建材等支柱产业。工艺美术品种类丰富，畅销国内外。江苏是中国粮、棉重要产区。粮食作物以水稻、麦类为主。经济作物以棉花和油料作物为主。太湖流域是中国三大桑蚕基地之一。畜牧业以家禽、猪、羊养殖为主。江苏是中国重要的淡水渔区，太湖银鱼、长江鲥鱼和刀鱼、阳澄湖大闸蟹为名产。沿海渔业发达。

主要有南京大学、东南大学、河海大学等高等院校。

文物古迹和风景名胜众多。文物古迹主要有苏州古典园林、明孝陵、大运河等，风景名胜主要有太湖、钟山、瘦西湖、云台山、镇江三山等。

浙江省

简称浙。位于长江三角洲南翼。东濒东海，南邻福建省，西接江西、安徽两省，北连上海市、江苏省。面积约10万平方千米。常住人口6577万（2022）。有汉、畲、土家、苗、布依、回、壮、侗等族。省会杭州。

春秋分属吴、越。战国时属楚。秦分属会稽、闽中等郡。汉属扬州。唐分置浙江东、西两道。北宋属两浙路，南宋分置两浙西路和两浙东路。元属江浙行省。明置浙江布政使司。清初始称浙江省。

地势自西南向东北倾斜。地形以丘陵、山地为主。山脉主要有雁荡山、括苍山、仙霞岭、天台山、会稽山、天目山等。平原主要有杭嘉湖平原、宁绍平原和温黄平原。盆地主要是金衢盆地。河流主要有钱塘江、甬江、瓯江、椒江、苕溪、飞云江、鳌江七大水系，其中以钱塘江最大。湖泊有千岛湖、杭州西湖等。属亚热带湿润季风气候。

已发现矿产110多种。工业门类较多，以纺织、食品、机械、化工、电力、建材等为支柱产业。生丝、真丝绸和黄酒产量居全国首位。粮食作物以水稻为主。经济作物主要有棉花、麻类、油菜、桑树、甘蔗、茶树、柑橘等。畜牧业以养猪为主，此外还饲养牛、羊、兔、家禽等。有中国最大的渔场——舟山渔场。

有浙江大学、浙江工业大学、中国美术学院等高等院校。

浙江有杭州西湖、江郎山、富春江—新安江、雁荡山、普陀山、天台山、嵊泗列岛、楠溪江、莫干山、雪窦山、双龙、仙都等风景名胜区。

安徽省

简称皖。位于中国东部，长江、淮河中下游。东连江苏、浙江两省，南接江西省，西与湖北、河南两省为邻，北部一隅与山东省接壤。面积约14万平方千米。常住人口6217万（2022）。有汉、回、满、壮、苗、彝、畲等族。省会合肥。

春秋分属楚、吴、宋等国。秦置九江、泗水等郡。汉置汝南、沛、九江、庐江、丹阳等郡和六安国。唐分属江南、淮南、河南三道。元归河南、江浙两行省。明直隶南京。清康熙时分置安徽省。

宏村月沼

地形以平原、丘陵、低山为主。全省大致可分为淮北平原、江淮丘陵、皖西大别山区、沿江平原、皖南山区五个自然区域。河流基本属于长江、淮河两大水系，南部与浙江接壤的小部分地区属新安江水系。湖泊众多，面积较大的有巢湖、龙感湖、南漪湖等。淮河以北为暖温带半湿润季风气候，淮河以南、黄山山脉以北为北亚热带季风气候，黄山山脉以南为中亚热带湿润季风气候。

已发现矿产140多种。安徽是中国煤炭、钢铁、炼铜等工业的重要基地之一，形成了以煤炭、冶金、电力、机械、化工、纺织、食品、造纸等门类为主的工业体系。种植业以种植粮食作物为主。主要的粮食作物有水稻和小麦。经济作物以棉花、麻类、茶树、油菜、花生、芝麻、烟草等为主。畜牧业以饲养猪、牛、羊为主。安徽为中国重要淡水渔业省份之一，长江鲥鱼、巢湖银鱼为名产。

有中国科学技术大学、合

肥工业大学等高等院校。

安徽有黄山、九华山、天柱山、琅琊山、齐云山、采石矶、巢湖等风景名胜区，以及大运河、皖南古村落（西递、宏村）等文化景观。

福建省

简称闽。位于中国东南沿海。东隔台湾海峡与台湾省相望，东北与浙江省毗邻，西北与江西省交界，西南与广东省相连。面积约 12 万平方千米。常住人口 4188 万（2022）。有汉、畲、回、土家、苗、壮等族。是中国主要侨乡。省会福州。

春秋属越。秦设闽中郡。汉建闽越国，后属会稽郡。唐属江南东道，后设福建经略使。宋设福建路。元置福建行省，后属江浙行省。明置福建布政使司。清末改福建省。

地势西北高、东南低。境内多山，山地主体为呈北东—南西走向的两大山带：由武夷山、仙霞岭、杉岭等组成的闽西大山带，由鹫峰山脉、戴云山和博平岭等组成的闽中大山带。沿海有漳州、福州、莆田、泉州等平原。较大的河流有闽江、九龙江、汀江、晋江等。海岸多港湾。沿海岛屿众多。属亚热带海洋性季风气候。

鼓浪屿

已发现矿产 110 多种。福建已形成由食品、纺织、造纸、服装、家用电器、冶金、电力、煤炭、船舶、电子、化工、建材、森工等门类组成的工业体系。农副产品主要有水稻、甘薯、甘蔗、茶叶、莲子、甘草、油菜、花生，以及桂圆、荔枝、柑橘、香蕉、菠萝、柚子等。

福建海域是中国主要渔场之一，盛产鱼、虾、贝、藻类，其中文昌鱼为名产。

有厦门大学、福州大学、福建师范大学等高等院校。

福建有武夷山、清源山、鼓浪屿—万石山、太姥山、金湖、鸳鸯溪、桃源洞—鳞隐石林、湄洲岛、玉华洞等风景名胜区，以及土楼、雪峰寺、涌泉寺、万福寺等文化景观。

江西省

简称赣。位于中国中南部、长江中下游以南。东北与浙江省毗邻，东南与福建省接壤，南连广东省，西接湖南省，北与湖北、安徽两省交界。面积约17万平方千米。常住人口4528万（2022）。有汉、畲、苗、回、壮、满、土家、蒙古等族。省会南昌。

春秋为楚、吴、越三国之地。秦属九江郡。西汉属扬州。唐设江南西道。宋属江南东、西两路。元置江西行省。明设江西布政使司。清为江西省。

全境以山地和丘陵为主。北部为鄱阳湖平原，中部丘陵和河谷平原交错分布，东、南、西三面有怀玉山、武夷山、大庾岭、九连山、罗霄山脉、幕阜山和九岭山环绕。河流众多，赣江、抚河、信江、修水和鄱江为江西五大河流。鄱阳湖为中国最大的淡水湖。属亚热带湿润季风气候。

已发现矿产140多种。已形成由汽车、机械、电子、化工、冶金、建材、食品、纺织、医药等门类组成的工业体系。景德镇陶瓷享誉中外。江西是中国重要的商品粮和农副产品生产基地之一。粮食作物以水稻为主。经济作物有棉花、油菜、麻类、柑橘、甘蔗、芝麻等。畜牧业以饲养猪、家禽、牛为主。

有南昌大学、江西师范大

学等高等院校。

江西主要有庐山、井冈山、龙虎山、三清山、鄱阳湖，以及滕王阁、白鹿洞书院、八一起义纪念馆等游览胜地和纪念地。

山东省

简称鲁。位于黄河下游。东部的山东半岛伸入渤海、黄海之间，南与江苏省、安徽省接壤，西北与河北省交界，西南与河南省相邻。面积约 16 万平方千米。常住人口 10163 万（2022）。有汉、回、满、蒙古、朝鲜等族。省会济南。

春秋为齐、鲁、曹、滕等国地，战国属齐、鲁、赵等国。秦置临淄、胶东、琅琊、济北等郡。汉设青州、兖州、徐州三刺史部。唐属河南道。宋为京东路、河北路。金改山东东、西二路。元属中书省。明设山东布政使司。清始称山东省。

境内以平原和丘陵为主。中部为鲁中南山地丘陵区，东部半岛为鲁东丘陵区，西部、北部为鲁西北平原区。山地主要有泰山、蒙山、崂山、鲁山、沂山等。河流分属黄河、淮河、海河、小清河及山东半岛水系。黄河斜穿东西，京杭运河纵贯南北。湖泊主要有微山湖、昭阳湖、独山湖和南阳湖。属暖温带半湿润大陆性季风气候。

已发现矿产 128 种。基本形成了以能源、化工、冶金、建材、机械、纺织、食品等为支柱产业的工业体系。原煤、原油、化肥、水泥等的产量在全国占有重要地位。山东是中国重要的粮食和经济作物产区。粮食作物以小麦、玉米、甘薯为主。经济作物有棉花、花生、烟草等。山东是北京、上海等蔬菜市场的主要供货地之一，也是著名的"水果之乡"。畜牧业以猪、牛、羊养殖为主。

沿海盛产对虾、扇贝、鲍鱼、刺参、海胆等海珍品。

有山东大学、中国海洋大学、中国石油大学（华东）等高等院校。

名胜古迹众多，主要有泰山、崂山、沂蒙山、趵突泉、微山湖，以及曲阜三孔、蓬莱阁、青州古城等。

河南省

简称豫。位于黄河中下游。北接河北省、山西省，东邻山东省、安徽省，南连湖北省，西界陕西省。面积约17万平方千米。常住人口9872万（2022）。有汉、回、蒙古、满、朝鲜、壮等族。省会郑州。

嵩山少林寺

殷商时河南是京畿地方。

秦分属三川、颍川、南阳诸郡。汉属豫州及司隶校尉部。三国属魏。隋大部属河南郡。唐改置河南道。北宋定都开封。元大部属河南江北行省，北部为中书省直辖。明置河南布政使司。清改称河南省。

地势西高东低。北、西、南三面有太行山脉、伏牛山、桐柏山和大别山环绕，中部和东部是黄淮平原。境内河流众多，分属黄河、淮河、海河、长江四大水系。属北亚热带向暖温带过渡的大陆性季风气候。

已发现矿产130种。已形成包括食品、纺织、机械、电力、冶金、建材、化工、煤炭、石油、电子等门类的工业体系。粮食作物以小麦、玉米、水稻、豆类及薯类为主，经济作物以棉花、烟草、油料作物为主。畜牧业以饲养猪、牛、羊、家禽为主。

有郑州大学、河南大学等

高等院校。

河南曾长期是中国政治、经济、文化、军事的中心，有嵩山、鸡公山，以及殷墟、龙门石窟、少林寺、嵩阳书院、白马寺等名胜古迹。

湖北省

简称鄂。位于中国中部、长江中游、洞庭湖以北。北接河南省，东连安徽省，东南和南邻江西、湖南两省，西靠重庆市，西北与陕西省为邻。面积约19万平方千米。常住人口5844万（2022）。有汉、土家、苗、侗、满等族。省会武汉。

春秋战国属楚。秦汉置江夏郡、南郡。唐分属淮南、山南两道。宋置荆湖北路及京西路。元大部属湖广行省。明属湖广布政使司。清置湖北省。

全省西、北、东三面被武陵山、巫山、大巴山、武当山、桐柏山、大别山、幕阜山等山地环绕，山前丘陵岗地广布，中南部为江汉平原。全省呈三面高起、中间低平、向南敞开、北有缺口的不完整盆地。河流以长江及其支流汉水为主。湖泊众多，主要有洪湖、梁子湖等。属中亚热带湿润季风气候。

已发现矿产130多种。工业主要有冶金、机械、电力、化工、汽车、纺织、电子等门类，钢铁、汽车、布匹、水电等的产量均居全国前列。湖北是中国重要的粮食、棉花、油料生产基地。粮食作物以水稻、玉米、小麦、薯类和大豆为主。经济作物以棉花、油料作物、烟草、麻类等为主。畜牧业以饲养猪、牛、羊为主。淡水渔业发达。

有武汉大学、华中科技大学、华中师范大学等高等院校。

名胜古迹众多，主要有长江三峡、武当山、九宫山、神农架，以及明显陵、黄鹤楼、三国赤壁等。

湖南省

简称湘。位于中国中南部、长江中游、洞庭湖以南。东邻江西省，南连广东省、广西壮族自治区，西接贵州省、重庆市，北界湖北省。面积约 21 万平方千米。常住人口6604万（2022）。有汉、土家、苗、侗、瑶、白、回、壮等族。省会长沙。

春秋战国为楚国辖地。秦为长沙郡和黔中郡。西汉为长沙国，东汉属荆州。唐置湖南观察使。宋为荆湖南路、荆湖北路。元属湖广行省。明属湖广布政使司。清置湖南省。

武陵源风光

省境西、南、东三面为山地环绕，北部地势低平，中部为丘陵盆地；地势向北倾斜而又西高于东。边缘山地主要有武陵山、雪峰山、南岭、罗霄山等。湘北为洞庭湖平原。湘中主要有衡阳、株洲、湘潭等盆地。河流有湘江、资水、沅江和澧水等。洞庭湖是中国第二大淡水湖。属中亚热带湿润季风气候。

已发现矿产 110 多种，其中锑的储量居世界首位。工业门类主要有冶金、煤炭、电力、机械、化工、电子、食品等。湖南是中国有色金属工业基地之一。冷水江市锡矿山的锑矿、常宁市山水口的铅锌矿驰名中外。粮食作物以水稻为主，水稻产量居全国首位。经济作物以油菜、麻类、棉花、茶树为主。畜牧业以养猪为主，此外还养殖牛、羊和家禽。湖南是中国淡水鱼主产区之一。

有湖南大学、中南大学、国防科技大学等高等院校。

名胜古迹众多，有武陵源、

衡山、崀山、东江湖、岳麓山等风景名胜区，以及炎帝陵、岳阳楼、凤凰古城、毛泽东故居等。

广东省

简称粤。位于中国大陆南部。北与江西省、湖南省相连，东界福建省，南邻香港、澳门特别行政区，西南隔琼州海峡与海南省相望，西与广西壮族自治区为邻。面积约18万平方千米。常住人口12657万（2022）。有汉、壮、瑶、土家、苗、侗、畲等族。为全国华侨最多的省份。省会广州。

古为百越（粤）地。秦设南海郡。汉属交州。三国属孙吴。唐置岭南道。宋为广南路，后为广南东路。明置广东布政使司。清为广东省。

地势北高南低。省境多山地、丘陵。山地主要有南岭、莲花山、九连山、罗浮山、云

雾山、云开大山等。山地间分布有兴宁、梅州、罗定等盆地。雷州半岛一带主要为台地。平原有珠江三角洲和潮汕平原。河流主要有珠江、韩江、鉴江、漠阳江等。海岸线曲折，岛屿众多。北、南分属亚热带、热带季风气候。

已发现矿产近120种。已形成以轻工业为主，包含食品、纺织、造纸、家用电器、电子、机械、钢铁、石油、化工、电力、建材等门类的工业体系。农业以种植业为主。粮食作物有水稻、甘薯、玉米等。经济作物以甘蔗、花生、桑树、黄红麻、水果、蔬菜、橡胶等为主。柑橘、香蕉、菠萝、荔枝为当地四大名果。畜牧业以饲养猪、家禽为主。海洋渔业和淡水养殖并重。

有中山大学、华南理工大学等高等院校。

名胜古迹有丹霞山、西樵山、白云山、罗浮山，以及开

平碉楼与村落、虎门炮台、黄花岗七十二烈士墓园等。

广西壮族自治区

简称桂。位于中国南部。南濒北部湾，北、东、西三面分别与贵州、湖南、广东、云南等省相邻，西南与越南毗邻。面积约24万平方千米。常住人口5047万（2022）。有汉、壮、瑶、苗、侗、仫佬、毛南、回、京等族。首府南宁。

春秋战国时为百越地。秦置桂林郡和象郡。唐属岭南西道。宋为广南西路。元初属湖广行省，元末设广西行省。明设广西布政使司。清置广西省。1958年建广西壮族自治区。

地势大体从北向南倾斜。山地、丘陵广布。西北部、北部有都阳山、青龙山、天平山、九万大山等，东北部有越城岭、海洋山、都庞岭和萌渚岭，东南至西南部为云开大山、六万大山、十万大山。中部为广西盆地。河流主要有西江、柳江、郁江、桂江等。属亚热带湿润季风气候。

已发现矿产140多种。已形成以机械、化工、冶金、电力、煤炭、建材、食品等门类为主的工业体系。糖产量居全国首位。粮食作物以水稻为主，次为玉米、大豆、甘薯等。经济作物以甘蔗为主，此外还有蔬菜、花生、油菜、芝麻、黄红麻等。南部有橡胶、剑麻等热带作物，以及柑橘、柚、香蕉、菠萝、荔枝、龙眼等水果。畜牧业以饲养猪、牛等为主。渔业以海洋捕捞为主。

漓江风光

有广西大学、广西师范大学等高等院校。

喀斯特地貌是广西最主要的旅游资源。名胜古迹有桂林漓江、桂平西山、花山风景名胜区，德天瀑布，龙胜花坪自然保护区，以及灵渠、真武阁、柳侯祠、花山岩画、三江程阳桥、马胖鼓楼等。

海南省

简称琼。是中国最大的经济特区。地处南海。北隔琼州海峡与广东省雷州半岛相望；西临北部湾；南达曾母暗沙，与马来西亚为邻；东南濒临太平洋，与菲律宾、印度尼西亚等相望。陆地面积约3.4万平方千米。常住人口1020万（2022）。有汉、黎、苗、回、壮等少数民族。省会海口。

西汉置珠崖、儋耳二郡。唐属岭南道。元属湖广行省。明设琼州府，属广东布政使司。清属广东省。1950年设立海南行政区公署，隶属广东省。1988年4月设立海南省。

海南岛中间高耸、四周低平，山地、丘陵、台地、平原呈环形层状分布，梯级结构明显。中部为五指山、黎母岭。环岛多为滨海平原。南渡江、昌化江、万泉河为海南三大河流。西沙、中沙、南沙群岛为珊瑚岛礁，地势较低平。已发现矿产约90种。当地气候具有热带季风和热带海洋性气候的特色。

海南的制糖、罐头、钢铁、森工、制盐、橡胶等工业在全国占有一定地位。制糖业是海南工业经济的主要支柱。橡胶工业已成为品种比较齐全的工业部门。粮食生产以水稻为主。冬季瓜菜是海南农业的支柱产业。海南为重要的热带作物生产基地。热带作物主要有橡胶、椰子、槟榔、胡椒、咖啡、腰果等，热带水果主要有杧果、香蕉、荔枝、龙眼、菠萝等。

畜牧业以饲养牛、猪、羊、家禽为主。渔业以海洋捕捞为主。

有海南大学、海南师范大学等高等院校。

海南旅游资源丰富，有亚龙湾、大东海度假区，以及天涯海角、大小洞天、鹿回头、五指山、石山火山群、五公祠、琼台书院、东坡书院和海瑞墓等名胜古迹。

重庆市

中国中央直辖市。简称渝。位于中国西南部、长江上游三峡库区及四川盆地东南部。东接湖北省、湖南省，南邻贵州省，西靠四川省，北界四川省和陕西省。面积约8.2万平方千米。常住人口3213万（2022）。有汉、土家、苗、回、彝、蒙古等族。

古称江州。春秋战国为巴国地。秦为巴郡。隋置渝州。北宋改为恭州，南宋置重庆府。元置重庆路。明清为重庆府。

1929年设重庆市。抗日战争时期为中华民国陪都。1949年成为中央直辖市。1954年改为四川省辖市。1997年3月设为中央直辖市。

地貌以山地、丘陵为主，兼有台地、平坝。北、东、南三面分别有大巴山、巫山、大娄山。地势起伏较大，由南北向长江河谷倾斜。长江干流自西南向东北斜贯市境。主要河流有嘉陵江、乌江、涪江、綦江、大宁河等。属亚热带季风气候。

已发现矿产70多种。重庆是中国老工业基地之一，现为长江上游和西南地区最大的经济中心。主要有汽车、消费品、电子、装备制造、材料、能源、医药等支柱产业。种植业以种植水稻、玉米、小麦、甘薯、马铃薯、豆类，以及油菜、花生、芝麻、烟草、蔬菜、水果、桑树、茶树等为主。畜牧业以养殖猪、牛、羊、兔和家禽为主。

有重庆大学、西南大学、西南政法大学等高等院校。

名胜古迹众多，主要有长江三峡、缙云山、四面山、金佛山等风景名胜区，武隆喀斯特旅游区，以及大足石刻、白帝城、白鹤梁题刻、石宝寨、丰都名山等。

四川省

简称川或蜀。位于中国西南部、长江上游。北有秦岭、大巴山，东有长江三峡，南为云贵高原，西为青藏高原，与甘、陕、渝、黔、滇、藏、青等省区市相邻。面积约49万平方千米。常住人口8374万（2022）。有汉、彝、藏、羌、苗、回、蒙古等族。省会成都。

春秋战国为巴、蜀之地。秦置巴、蜀二郡。汉属益州。唐属剑南道等道。北宋在东部地区设川峡四路。元置四川行省。明设四川布政使司。清为四川省。

地势西高东低。西部是高原、山地，有岷山、邛崃山、大雪山、沙鲁里山等；东部为四川盆地。河流分属长江和黄河两大水系，以长江水系为主。主要河流有雅砻江、大渡河、岷江、沱江、涪江、嘉陵江等。湖泊主要有邛海和泸沽湖。四川盆地的长江河谷和川西南的金沙江河谷，具有南亚热带气候属性；川西北地区属温带和寒温带气候。

乐山大佛

已发现矿产130多种。四川是中国西部门类最齐全、优势产品最多的综合性工业基地，已形成电子、机械、冶金、化工、食品、能源等支柱产业。四川是中国主要农区之一。粮食作物以水稻、小麦、玉米、薯类为主。经济作物以油菜、棉花、甘蔗、苎麻、烟草等为主。川西高原是中国五大牧区之一。畜牧业以养殖猪、牛、羊等为主。

有四川大学、电子科技大学、西南交通大学等高等院校。

名胜古迹众多，有峨眉山、九寨沟、黄龙、青城山—都江堰、剑门蜀道、贡嘎山、蜀南竹海、西岭雪山、四姑娘山等风景名胜区，以及乐山大佛、杜甫草堂、武侯祠、三星堆遗址、阆中古城等。

贵州省

简称黔或贵。位于中国西南部。北邻四川省和重庆市，东界湖南省，南接广西壮族自治区，西连云南省。面积约18万平方千米。常住人口3852万（2022）。有汉、苗、布依、侗、土家、彝、仡佬、水、白、回等族。省会贵阳。

战国为楚国黔中郡及夜郎地。秦属黔中、象、巴、蜀诸郡。唐置黔中道。宋主要属夔州路。元分属湖广、四川、云南行省。明置贵州布政使司。清为贵州省。

地势西高东低。地貌起伏大，且喀斯特地貌广泛发育。北部有大娄山，西部有乌蒙山，东南部为苗岭，东北部有武陵山。山间有贵阳、惠水等盆地。河流主要有乌江、北盘江、清水江、赤水河、都柳江、涟江等。属亚热带高原湿润季风气候。

已发现矿产130多种。已建成酿酒、煤炭、电力、冶金、机械、电子、化工、烟草、纺织等工业部门，成为中国重要的能源和原材料基地。农业以种植业为主。粮食作物主要有水稻、玉米、小麦、薯类等。经济作物有油菜、烟草、甜菜、苎麻、棉花、桑树、茶树等。畜牧业以饲养猪、牛、羊、马为主。

有贵州大学、贵州师范大学等高等院校。

名胜古迹众多，有黄果树、织金洞、潕阳河、红枫湖、龙宫、荔波樟江、赤水等风景名胜区，梵净山、威宁草海等国家级自然保护区，以及遵义会议会址、增冲鼓楼、盘县大洞古文化遗址等。

云南省

简称滇、云。位于中国西南边陲。北连川、藏，东接黔、桂，南、西分别与越南、老挝、缅甸为邻。面积约 39 万平方千米。常住人口 4693 万（2022）。有汉、彝、白、哈尼、壮、傣、苗、回、傈僳、拉祜、佤、纳西、瑶、景颇、藏等族。省会昆明。

战国后期为滇国地。汉属益州郡。三国时蜀汉设建宁、云南、永昌、兴古、朱提五郡。唐为南诏地。宋为大理地。元置云南行省。明设云南布政使司。清为云南省。

地势北高南低。地貌以山地高原为主。西部为横断山系纵谷区，由高黎贡山、怒山、云岭等山脉和怒江、澜沧江、金沙江等深切峡谷相间组成；东部为云南高原。河流分属伊洛瓦底江、怒江、澜沧江、金沙江、元江和南盘江六大水系，分别注入印度洋和太平洋。湖泊众多，主要有滇池、洱海、抚仙湖、程海等。大部分地区属亚热带高原季风气候。

已发现矿产 150 多种。已形成包括冶金、机械、化工、电力、煤炭等重工业和烟草、制糖、制茶等轻工业的工业体系。种植业在农业中占主要地位。粮食作物主要有水稻、玉米、小麦、豆类、薯类等。经济作物有烟草、甘蔗、茶树、橡胶、紫胶等。烟草种植面积和产量居全国首位。盛产香蕉、柑橘、梨、杧果、苹果、葡萄、蓝莓等水果。畜牧业以饲养猪、牛、羊、马等为主。

有云南大学、昆明理工大学等高等院校。

名胜古迹众多，有路南石林、大理、西双版纳、三江并流、滇池、玉龙雪山、腾冲地热火山、瑞丽江—大盈江、九乡、建水等风景名胜区，以及崇圣寺三塔、丽江古城、红河哈尼梯田等。

西藏自治区

简称藏。位于青藏高原西南部。北连新疆维吾尔自治区和青海省，东以金沙江为界与四川省相邻，东南与云南省相毗连，南和西分别与缅甸、印度、不丹、尼泊尔、克什米尔等国家和地区接壤。面积约123万平方千米。常住人口364万（2022）。有藏、汉、回、门巴、珞巴、纳西等族。首府拉萨。

古为羌、戎地。唐、宋时为吐蕃地。元设乌思藏纳里速古鲁孙三路宣慰使司都元帅府。明置乌思藏、朵甘二都司。清分前藏、后藏、康、阿里四部，总称西藏。1951年西藏和平解放。1965年9月西藏自治区成立。

西藏占据青藏高原的主体，海拔一般在4000米以上。地势总趋势西北高、东南低。南部边缘有喜马拉雅山脉、冈底斯山，北部边缘为昆仑山脉、可可西里山、唐古拉山，东南部有横断山脉。河流主要有雅鲁藏布江、怒江、澜沧江和金沙江。湖泊星罗棋布，主要有纳木错、色林错、当惹雍错、扎日南木错等。属干旱高原气候区。自东南向西北有热带、亚热带、高原温带、高原亚寒带、高原寒带等气候类型。

已发现矿产100多种。已形成以电力、采矿、建材、机械、医药、农产品加工和民族手工业为主的工业体系。农业生产具有独特的高寒农业特色。农作物以青稞为主，次为小麦、油菜、豌豆等。畜牧业是西藏农业经济的主体。牧畜以牦牛、藏绵羊、藏山羊、黄牛为主。西藏是中国极为重要的后备用材林基地。

名胜古迹主要有雅砻江、纳木错－念青唐古拉山、唐古拉山－怒江源等风景名胜区，珠穆朗玛峰，雅鲁藏布大峡谷，以及布达拉宫、大昭寺、罗布林卡、扎什伦布寺、八廓街等。

布达拉宫

陕西省

简称陕或秦。位于中国中部、黄河中游。与山西、河南、湖北、重庆、四川、甘肃、宁夏、内蒙古8个省区市相邻。面积约21万平方千米。常住人口3956万（2022）。有汉、回、满、蒙古、藏等族。省会西安。

春秋战国时为秦国地。秦为内史郡、上郡、汉中郡，部分属北地郡。汉属司隶校尉部及益州、并州诸部。唐属关内、山南等道。宋初置陕西路。元设陕西行省。明置陕西布政使司。清为陕西省。

地势南北高、中间低。北部为陕北黄土高原；中部为关中平原；南部陕南山地包括秦岭和大巴山，以及两山之间的汉水谷地。属黄河水系的河流主要有渭河、泾河、洛河、无定河等，属长江水系的河流主要有汉水、丹江、嘉陵江等。由南而北具有北亚热带湿润气候，暖温带半湿润气候，暖温带、温带半干旱气候的特征。

已发现矿产140种。已形

成以机械、纺织为主，包括能源、电子、航空、化工、食品、医药等在内的门类比较齐全的工业体系。农业以种植业为主。粮食作物以小麦、玉米、水稻和薯类为主，其次是糜子、谷子和豆类。经济作物以油菜、棉花为主，花生、胡麻、烟草等次之。陕西为中国重要的奶山羊生产基地。畜牧业以饲养羊、猪、牛、驴、马为主。

有西安交通大学、西北工业大学、西安电子科技大学等高等院校。

文物古迹众多，有长城、兵马俑、大雁塔、小雁塔、兴教寺塔、法门寺、彬县大佛寺石窟、西安城墙、黄帝陵等；风景名胜有华山、太白山、壶口瀑布等。

甘肃省

简称甘或陇。位于中国西北部。北与宁夏、内蒙古毗邻，东接陕西省，南邻四川省，西连青海省、新疆维吾尔自治区，西北隅与蒙古国接壤。面积约43万平方千米。常住人口2492万（2022）。有汉、回、藏、东乡、保安、裕固、蒙古、撒拉、哈萨克、土、满等族。省会兰州。

春秋时为秦、西戎地。秦置陇西、北地二郡。汉属凉州。唐分属关内道、陇右道和山南道。元设甘肃行省。明属陕西布政使司、陕西都司、陕西行都司。清设甘肃布政使司。

地势西南高，东、北、西三面低。甘肃以高原、山地为主，可分为陇南山地、陇中黄土高原、甘南高原、祁连山地、河西走廊、北山山地等地形区。河流在内流区主要有哈尔腾河、疏勒河、黑河及石羊河水系，在外流区分属黄河和长江两大水系。属明显的温带大陆性季风气候。

已发现矿产170多种。甘

肃是中国西北部工、农业发展条件较好的省份。工业以重工业为主，主要有有色金属、石油、化工、机械、电力、钢铁等部门。轻工业有食品、纺织、医药等部门。农作物以粮食作物为主，有小麦、玉米、马铃薯、糜子、谷子等。经济作物有油料作物、中药材、蔬菜、瓜果等。甘南、河西及陇中北部是中国重要牧区之一。主要产牦牛、黄牛、犏牛、猪、马、羊等。

有兰州大学、西北师范大学等高等院校。

名胜古迹众多，主要有麦积山、崆峒山、鸣沙山—月牙泉等风景名胜区，张掖丹霞地质公园，以及莫高窟、嘉峪关、拉卜楞寺、玉门关等。

青海省

简称青。位于中国西部腹地、青藏高原东北部。北依甘肃省，东邻四川省，南与西藏自治区接壤，西与新疆维吾尔自治区毗连。面积约72万平方千米。常住人口595万（2022）。有汉、藏、回、土、撒拉、蒙古等族。省会西宁。

古为西戎地。汉为羌地。隋设西平、西海、河源三郡。唐宋时为吐蕃地。元分属吐蕃等路宣慰使司都元帅府、甘肃行省。明属朵甘都司等。清设青海办事大臣。1929年1月正式建省。

北部为祁连山—阿尔金山山地，西北部阿尔金山、祁连山和昆仑山之间为柴达木盆地，南部为由昆仑山脉及其支脉可可西里山、巴颜喀拉山、阿尼玛卿山、唐古拉山等组成的青南高原。长江、黄河、澜沧江均发源于此。河流主要有黄河、通天河、湟水、扎曲等。湖泊主要有青海湖、扎陵湖、鄂陵湖等。属典型的高原大陆性气候。

已发现矿产120多种。已初步形成包含机械、冶金、化工、石油、煤炭、电力、建材等重工业和食品、纺织、皮革等轻工业的现代工业体系。青海是中国重要的畜牧业生产基地。畜牧业以牧养藏系绵羊和牦牛为主，次为山羊和马。粮食作物主要有春小麦、青稞，次为蚕豆、豌豆、马铃薯等。经济作物以油菜为主。青海湖、扎陵湖和鄂陵湖为省内三大天然渔场。

有青海大学、青海师范大学等高等院校。

旅游资源丰富独特，有青海湖、三江源、孟达林区、茶卡盐湖，以及塔尔寺、瞿昙寺等。

宁夏回族自治区

简称宁。位于中国中部偏北、黄河中上游。与陕西、甘肃、内蒙古3个省区为邻。面积约6.6万平方千米。常住人口725

万（2022）。有汉、回、满、蒙古、东乡等族。首府银川。

春秋为羌、戎地。秦为北地郡。汉属朔方刺史部。唐属关内道。宋初属秦凤路，后属西夏。元设宁夏府路。明设宁夏卫。清设宁夏府。1929年置宁夏省。1958年宁夏回族自治区成立。

地势南高北低，西部高差较大，东部起伏较缓。平均海拔1000米以上。西北部为贺兰山，中北部为银川平原，南部为黄土高原和六盘山。黄河斜贯中北部。其他主要河流有清水河、苦水河、葫芦河等，均属黄河水系。属温带大陆性半干旱气候。

已发现矿产50余种。已形成包含能源、机械、冶金、化工、建材、纺织、食品等门类的工业体系。农业以种植业为主体。粮食作物主要有春小麦、水稻、玉米、糜子等。经济作物有胡麻、甜菜、枸杞等。畜牧业以养羊为主。宁夏是中国裘皮羊重要产区，在国际养羊业中占有突出地位。渔业以淡水养鱼为主。

有宁夏大学、宁夏医科大学等高等院校。

文化景观主要有西夏陵、贺兰山岩画、须弥山石窟、一百零八塔、海宝塔、承天寺塔、同心清真大寺等，自然景观主要有沙坡头、沙湖等。

新疆维吾尔自治区

简称新。地处中国西北部。东部与甘肃、青海两省相连，南部与西藏自治区毗邻。从东北到西南分别与蒙古、俄罗斯、哈萨克斯坦、吉尔吉斯斯坦、塔吉克斯坦接壤，西南部和阿富汗、巴基斯坦、印度相邻。面积约166万平方千米。常住人口2587万（2022）。有维吾尔、汉、哈萨克、回、柯尔克孜、蒙古、塔吉克、锡伯、满、乌孜别克、俄罗斯等族。首府乌鲁木齐。

古称西域。汉属西域都护府。唐设北庭、安西两都护府。元设别失八里等行省。清置新疆省。1955年新疆维吾尔自治区成立。

境内山地、盆地相间。北部有阿尔泰山；南部有帕米尔高原、喀喇昆仑山、昆仑山脉及阿尔金山环列；天山山脉横穿新疆中部，以北有准噶尔盆地，以南有塔里木盆地。河流主要有额尔齐斯河、塔里木河、伊犁河、开都河、乌伦古河等。湖泊主要有博斯腾湖、乌伦古湖、赛里木湖、天池、艾丁湖等。属典型的温带大陆性干旱气候。

已发现矿产近140种。已形成包含冶金、煤炭、石油、电力、化工、机械、建材、纺织、制糖、造纸和皮革等门类的工业体系。农业生产以种植业为主。粮食作物主要有小麦和玉米，其次为水稻、高粱。经济作物以棉花、油菜、胡麻、甜菜为主。南疆桑蚕业发达。新疆盛产多种瓜果，甜瓜（哈密瓜）为著名特产。畜牧业以牧养绵羊、山羊、牛、马等为主。

有新疆大学、石河子大学等高等院校。

文物古迹和风景名胜众多，主要有柏孜克里克千佛洞、高昌故城、额敏塔，以及天山天池、喀纳斯湖、博斯腾湖、火焰山、库木塔格沙漠、赛里木湖、魔鬼城、葡萄沟等。

香港特别行政区

简称港。位于中国南海之滨、珠江口东侧，西隔伶仃洋与澳门相望。面积1104平方千米。人口733万（2022）。其中，90％以上为华人，有少量菲律宾、印度尼西亚等国居民。

秦属南海郡番禺县。唐属东莞县。明清属广州府新安县。19世纪中后期先后被"割让"和"租借"给英国，被英国侵占。中国政府于1997年7月1日恢复对香港行使主权，设立香港特别行政区。

维多利亚港

区内地形以山地、丘陵为主，多石山、岛屿和海湾。大屿山是境内最大的岛屿，其次为香港岛。香港岛北隔海峡与九龙半岛对峙，其间是维多利亚港。深圳河是最主要的河流。属南亚热带海洋性季风气候。

香港是亚太地区的贸易、金融、交通、旅游中心及亚洲会议中心，以贸易及物流、旅游、工商支援、专业服务为四大支柱产业。农业主要是蔬菜种植、园艺及禽畜生产。

有香港大学、香港中文大学、香港科技大学等高等院校。

从香港岛的太平山顶，可鸟瞰维多利亚港。主要有天坛大佛、香港迪士尼乐园、海洋公园、浅水湾、赤柱等游览胜地。

澳门特别行政区

简称澳。位于中国南海之滨、珠江口西侧，毗邻广东省。陆地面积 29.2 平方千米。人口 68 万（2020）。其中，97％为中国籍，其余为菲律宾、葡萄牙等国籍。

秦属南海郡番禺县。唐属东莞县。南宋属香山县。明清属广州府。1553 年葡萄牙人取得停靠澳门码头之便。1845 年葡萄牙宣布澳门为"自由港"。1887 年，澳门被葡萄牙完全强占。中国政府于 1999 年 12 月 20 日恢复对澳门行使主权，设立澳门特别行政区。

境地大部由填海形成。地势南高北低。路环岛地势最高，主峰塔石塘山海拔 172 米。主要由平原和山地组成，其余为台地。多港湾。海域多泥沙淤积。境内无河流。属南亚热带海洋性季风气候。

澳门是传统的国际自由港和旅游名城。博彩业发达，有"东方蒙特卡洛""东方拉斯维加斯"之称。已形成旅游博彩、出口加工、金融保险、建筑地产四大经济支柱。

有澳门大学、澳门理工学院等高等院校。

澳门历史城区已被列入世界文化遗产。名胜古迹有大三巴牌坊、东望洋灯塔、普济禅院（观音堂）、妈阁庙、莲峰庙、卢廉若花园等。

台湾省

简称台。位于中国大陆东南。四面环海，北向东海，东临太平洋，南靠巴士海峡与菲律宾群岛相望，西隔台湾海峡与福建省相望。包括台湾岛、澎湖列岛、钓鱼岛、赤尾屿、彭佳屿、兰屿、绿岛等岛屿。面积3.6万平方千米。人口2336万（含福建省的金门、马祖等岛屿）（2022）。有汉、高山等族。省会台北。

台湾自古就是中国领土的一部分。古有岛夷、夷洲、流求之称。南宋澎湖属福建路晋江县。元明设澎湖巡检司。明万历（1572～1620）年间始称台湾。1624年和1626年，荷兰和西班牙殖民者分别入侵台湾。1662年郑成功收复台湾。清初置台湾府。1885年建台湾省。1895年被日本侵占。1945年抗战胜利后归还中国。

台湾岛是中国最大的岛屿。高山和丘陵占全岛面积的2/3以上。地势中间高、两侧低。中东部海岸山、中央山、玉山、雪山、阿里山呈北北东—南南

西走向平行排列。山间有宜兰平原、台东纵谷平原、屏东平原，以及台北盆地、台中盆地等。西部为冲积平原，主要有台南平原等。河流有浊水溪、高屏溪、淡水河、大甲溪等。日月潭是省内最大的天然湖泊。北部属亚热带季风气候，南部属热带季风气候。

台北101大楼

已发现矿产110多种。工业由制造业、建筑业、矿业和公用事业构成。制造业是主要产业，主要部门有电机电子、化工、纺织、食品等。农作物主要有水稻、甘蔗、薯类、花生、大豆、黄麻、剑麻、茶树等；水果四季不断，盛产香蕉、菠萝、柑橘、荔枝、龙眼、木瓜、

枇杷、杧果、橄榄等。畜牧业以猪、禽饲养为主，次为养牛业。渔业发达，出口鳗鱼、金枪鱼、虾和深海鱼类等海产品。

有台湾大学、台湾清华大学、台湾交通大学等高等院校。

台湾有"美丽宝岛"之誉，可供旅游观光的自然景观众多。名胜古迹主要有日月潭、阿里山、阳明山，以及板桥林家花园、台南赤崁楼、北港妈祖庙等。

嵩山

中国五岳中的中岳。位于河南登封西北。西汉确定为五岳之一。属褶曲作用形成的块状山。东北—西南走向，绵延100余千米。海拔400～700米。为颍河和伊河、洛河的分水岭。主峰峻极峰，海拔1491.7米，矗立于低山丘陵之间，气势磅礴；寺庙林立。嵩山是古代封建帝王游览和封禅的场所。山上有古建筑群18处，尤以少林

寺、中岳庙、嵩阳书院、观星台、嵩岳寺塔等著名。2004年被联合国教科文组织评为世界地质公园。

嵩岳寺塔

泰山

中国五岳中的东岳。与陕西华山、湖南衡山、山西恒山和河南嵩山合称五岳。古名岱宗、岱山。位于山东中部，盘亘于泰安、济南之间。主峰玉皇顶位于泰安城北，海拔1532.7米，是山东最高峰。泰山山势雄伟，巍峨险峻，群峰争奇，丘壑林泉，飞瀑松涛，被誉为中国"五岳之宗"。泰山古代为封建帝王举行封禅大典的场所，拥有宏伟的古代建

筑、悠久的文化遗迹和秀丽的自然景色。碑刻石雕甚多。1987年，泰山作为文化与自然双重遗产被列入《世界遗产名录》。2006年被联合国教科文组织评为世界地质公园。

泰山风光

恒山

中国五岳中的北岳。又称太恒山，古称元岳、紫岳、恒宗。位于山西浑源境内。东北—西南走向，西接管涔山，东至山西省界，东西绵延250多千米。为海河支流桑干河与滹沱河的分水岭。主峰玄武峰，海拔2016.1米。山上怪石争奇、古树参天，林中有楼台殿宇。古有"恒山十八景"，现存会仙府、悬空寺等十多处。地险、山雄、景奇、泉绝，加之在道教中的重要地位，使恒山成为旅游胜地。

悬空寺

华山

中国五岳中的西岳。被誉为"奇险天下第一山"。位于陕西华阴境内。因其西约20千米另有少华山，故又称太华山。华山是秦岭支脉分水脊北侧的花岗岩石山，东、南、西三峰突起，壁立千仞，北峰和中峰虽略低，但甚峻峭。五峰如莲花五瓣，古代"花"与"华"通用，故名华山。人们以"自古华山一条路"形容其险要。南峰是华山主峰，海拔2154.9米。五峰庙宇，今仅存西峰古刹。

华山为道教圣地。

华山群峰

衡山

中国五岳中的南岳。古称
岣嵝山。位于湖南中部、湘中
衡阳盆地北缘、湘江西侧。长
约 32 千米，宽 17 千米。山峦
突兀峥嵘。主峰祝融峰，海拔
1300.2 米。天柱、回雁、石廪、
紫盖等峰，逶迤参差，海拔一
般约 1000 米。南岳历史悠久，
多文学遗产，一度曾为理学渊
薮和宗教福地。现存南岳大庙、

衡山群峰

磨镜台、福严寺等古典建筑。
衡山植物资源丰富，天然生长
有银杏、青钱柳、绒毛皂荚等
珍稀树种。

黄山

中国名山、风景名胜区。
位于安徽南部、黄山山脉中段。
秦称黟山，唐天宝六载（747）
改名黄山，别称黄岳。黄山系
江南丘陵的组成部分，沿东北—
西南方向延伸。自然风景优美，
明代地理学家、旅行家徐霞客
曾有"五岳归来不看山，黄山
归来不看岳"之赞。黄山为花
岗岩峰林地貌。莲花峰、天都峰、
光明顶为黄山三大主峰。莲花
峰海拔 1864.8 米，为安徽最高
点。黄山是华东植物荟萃之地，

黄山迎客松

尤以黄山松、黄山毛峰、灵芝草驰名中外。1990年，黄山作为文化与自然双重遗产被列入《世界遗产名录》。2004年被联合国教科文组织评为世界地质公园。

青藏高原

世界最高的高原。有"世界屋脊"之称。西起帕米尔高原和喀喇昆仑山；南缘为喜马拉雅山脉；东南经横断山脉连接缅甸和云南高原，东部则濒临四川盆地，东北部与秦岭山脉西段和黄土高原相衔接；北缘的昆仑山脉、阿尔金山和祁连山与塔里木盆地及河西走廊相连。总面积约250万平方千米。其形成与喜马拉雅运动密切相关。海拔大多在3500米以上，西北高、东南低。主要大山有阿尔金山、祁连山、昆仑山脉、喀喇昆仑山、唐古拉山、冈底斯山、念青唐古拉山、喜马拉雅山脉及横断山脉。高原大部分为荒漠草原所覆盖。高原南部与东部的边缘山区河网密集，较大的外流河有雅鲁藏布江、怒江、长江、黄河和澜沧江等。高原上湖泊广布。

青藏高原是地球上中、低纬度地区最大的冰川作用中心，现代冰川面积约4.987万平方千米。高原为北半球中、低纬度地区冻土分布最广、厚度最大、海拔最高的地区，多年冻土面积约140万平方千米。高原也是中国主要地震区。

青藏高原航拍

内蒙古高原

蒙古高原的一部分。中国重要的牧场。位于阴山山脉之北，大兴安岭以西，北至国界，西至东经 106° 附近。

高原地面坦荡完整，起伏和缓，古剥蚀夷平面显著，风沙广布，古有"瀚海"之称。戈壁、沙漠、沙地依次从西北向东南略呈弧形分布，高原西北部边缘为砾质戈壁，往东南为砂质戈壁，高原中部和东南部为伏沙和明沙。中国多风地区之一。夏季风弱，冬季风强，气候干燥，冬季严寒，日照丰富。无较大河流，无流范围广大。湖泊较多。

黄土高原

中国四大高原之一、世界上黄土覆盖面积最大的高原。为中华民族古代文明的发祥地之一。位于中国北部北纬 34° ~ 40°、东经 102° ~ 114°，横跨青、甘、宁、内蒙古、陕、晋、豫 7 个省区。面积约 40 万平方千米。

高原由西北向东南倾斜，海拔多在 1000 ~ 2000 米。除石质山地外，大部分为厚层黄土覆盖。经流水长期强烈侵蚀，逐渐形成千沟万壑、地形支离破碎的特殊自然景观。最基本的地貌类型有沟间地地貌（如塬、梁、峁）、沟谷地貌和黄土微地貌。高原上主要山脉太行山、吕梁山和六盘山把高原分隔成山西高原、陕甘黄土高原、陇西高原三部分。区域水系以黄河为骨干。源于黄土高原的河流约有 200 条，含沙量很高。黄土高原严重水土流失面积约 27 万平方千米。

黄土高原风光

云贵高原

中国四大高原之一。位于

中国西南部。西依哀牢山，西北接青藏高原，北连四川盆地，东与江南丘陵及两湖平原毗邻，南连广西西北部山地丘陵。面积约 50 万平方千米。由云南高原和贵州高原组成。

云贵高原景色

云南高原大部分地区海拔 1500～2000 米，西北高、东南低。滇中高原由紫色砂页岩组成，又称红色高原，高原面较完整，地势起伏和缓；滇东高原喀斯特地貌发育。高原内部的河流多数从中部向南、北分流，分别注入长江水系和珠江水系。有大小湖泊近 40 个。

贵州高原平均海拔约 1000 米，呈由东向西逐级升高的梯级状大斜坡，并由中部向南、北逐渐倾斜。河流溯源侵蚀强烈，地面起伏较大。喀斯特地貌广泛发育。

塔里木盆地

中国特大型内陆盆地。位于新疆南部、天山山脉与昆仑山脉之间。面积约 56 万平方千米。盆地地势西高东低，微向北倾。旧罗布泊湖面海拔 780 米，是盆地最低点。盆地地貌呈环状分布：边缘是与山地连接的砾石戈壁；中心是辽阔沙漠；边缘与中心之间是冲积扇和冲积平原，并有绿洲分布。塔里木河位于盆地北缘，其南是塔克拉玛干沙漠。较大的河流有南部的叶尔羌河、克孜勒河、盖孜河、和田河、克里雅河、

塔里木河两岸的胡杨林

车尔臣河，以及北部的阿克苏河、台兰河、渭干河、库车河、开都河等。

柴达木盆地

中国三大内陆盆地之一。属封闭性的巨大山间断陷盆地。位于青海西北部。四周被昆仑山脉、祁连山和阿尔金山所环抱。面积约25.5万平方千米。"柴达木"是蒙古语"盐泽"的意思。

柴达木盆地景观

地势由西北向东南微倾，海拔自3000米渐降至2600米左右。地貌呈同心环状分布，自边缘至中心依次为洪积砾石扇形地（戈壁）、冲积—洪积粉砂质平原、湖积—冲积粉砂黏土质平原、湖积淤泥盐土平原。地势低洼处盐湖与沼泽广

布。盆地西北部戈壁带内缘，绵延分布百米以下的垄岗丘陵群。盆地东南沉降剧烈，冲积与湖积平原广阔，主要湖泊有南霍鲁逊湖、北霍鲁逊湖和达布逊湖等。盆地东北部有若干小型山间盆地。河流大部为间歇性，主要分布于盆地东部。

准噶尔盆地

中国大型陷落盆地之一。位于新疆北部、阿尔泰山脉与天山山脉之间。西侧为准噶尔西部山地，东至北塔山麓。面积约38万平方千米，其中沙漠占30%。地势向西倾斜，北部略高于南部。西南部的艾比湖湖面海拔189米，是盆地最低点。

盆地内平原可分为两区：北部平原北起阿尔泰山南麓，南抵沙漠北缘，风蚀作用明显，有大片风蚀洼地；南部平原南起天山北麓，北至沙漠北缘，可分为两带——北带为沙漠，

南带为天山北麓山前平原。盆地中央的古尔班通古特沙漠是中国第二大沙漠。除额尔齐斯河为外流河外，盆地内其他河流均为内流河。

艾比湖

四川盆地

中国四大盆地之一。为中国各大盆地中形态最典型、纬度最南、海拔最低的盆地。在长江上游。西依青藏高原和横断山地，北靠秦岭与黄土高原相望，东接湘鄂西山地，南连云贵高原。包括四川东部、重庆大部，面积约20万平方千米。

盆地边缘多低山和中山，山势陡峻；发源于盆地边缘山地的河流大多为V形谷，岭谷高差500～1000米，地表崎

岖。故历史上有"蜀道难，难于上青天"之说。山脊海拔多在2000～3000米，西北部与西部可超过3000米甚至4000米。地势向东南倾斜。盆地底部海拔多在250～700米，以丘陵为主，次为低山和平原。盆地地表为大面积的紫红色砂岩和泥岩所覆盖，故称红层盆地。盆地内河流均由边缘山地向盆地底部的长江干流汇聚，形成向心状水系。

成都平原景色

盆地中植物近万种，古老而特有种之多为中国其他地区所不及。盆地西缘山地是中国特有而古老动物保存最好、最集中的地区，有大熊猫、金丝猴、扭角羚、白唇鹿等国家一级保护动物。

雅鲁藏布大峡谷

世界最大峡谷。位于中国西藏雅鲁藏布江下游。全长504.6千米，最深处6009米，谷底河床最窄处宽仅35米。峡谷进口在米林县派镇附近，海拔3000米；出口在墨脱县巴昔卡，海拔155米。从西兴拉到帕隆藏布江口20余千米河段，有4处大瀑布群，一些主体瀑布落差都在30～35米。这段峡谷水能蕴藏量达13.86万千瓦/千米，为世界同类大河之最。大峡谷围绕喜马拉雅山脉东端的南迦巴瓦峰（海拔7782米）有一个奇特的马蹄形大拐弯。大峡谷成为印度洋暖湿气流北上的重要通道，使藏东南地区

雅鲁藏布江大拐弯

出现世界上海拔最高的绿洲。

1998年10～12月，中国雅鲁藏布大峡谷科学探险考察队首次实现人类全程徒步穿越大峡谷的壮举。

东北平原

中国最大平原。又称松辽平原。位于中国东北部。平原东、西两侧分别为长白山和大兴安岭，北部为小兴安岭山地，南端濒辽东湾。总面积约35万平方千米。由辽河平原、松嫩平原、三江平原组成。其中，松嫩平原面积最大，是东北平原的主体。辽河和松花江水系分别流经平原南北，两大水系之间为松辽分水岭。松辽分水岭以北为松花江和嫩江及其支流冲积而成的松嫩平原，以南为辽河水系冲积而成的辽河平原。小兴安岭以东、长白山地以北，是黑龙江、松花江、乌苏里江汇流冲积而成的三江平原。沼

泽和湿地广泛分布。东北平原西南部以西辽河为中心，呈沙丘与洼地相间、微波起伏的风沙地貌景观。东北平原土地肥沃，资源丰富。

华北平原

位于中国东部、黄河下游。又称黄淮海平原。西倚太行山、伏牛山，北抵燕山南麓，东临渤海和黄海，南达大别山北侧。跨越京、津、冀、鲁、豫、皖、苏7个省市。面积约30万平方千米。

华北平原海拔多不及百米，地势平缓倾斜。黄河、淮河、海河、滦河等河流所塑造的地貌构成华北平原的主体，即黄河冲积平原、淮河中下游平原、海河中下游平原和滦河下游冲积扇平原。黄河在孟津以下形成巨大的冲积扇，扇缘向东直逼鲁西南山地丘陵的西侧。黄河冲积扇的中轴部位淤

积较高，成为华北平原上的分水脊，将淮河、海河两大水系分隔南北。河湖众多，黄河、淮河、海河为平原最主要河流。京杭运河在华北平原上起过重要的历史作用。

华北平原俯瞰

长江中下游平原

中国三大平原之一。位于湖北宜昌以东的长江中下游沿岸，由两湖平原、鄱阳湖平原、苏皖沿江平原、里下河平原和长江三角洲平原组成。面积约20万平方千米。

两湖平原以荆江为界，其北称江汉平原，其南为洞庭湖平原。江汉平原主要由长江和汉水冲积而成，洞庭湖平原则

主要由通过荆江南岸太平、藕池、松滋三口南下的长江冲积而成。鄱阳湖平原除边缘红土岗丘外，中部的泛滥平原主要由赣江、抚河、信江、修水等河流冲淤而成，其中又以赣江为主。苏皖沿江平原主要指湖口以下到镇江之间沿长江两岸分布的狭长的冲积平原，包括芜湖平原和巢湖平原。自镇江以下的河口段发育了长江三角洲。长江三角洲以北为里下河平原，平原为周高中低的碟形洼地。

长江中下游平原是中国水资源最丰富的地区，也是中国淡水湖群分布最集中的地区，著名淡水湖有鄱阳湖、洞庭湖、太湖和巢湖等。

三江平原俯瞰

长江三角洲

中国长江中下游平原的一部分。三角洲顶点在江苏仪征附近，由此向东，大致沿扬州、泰州、海安、枌茶一线，是三角洲北界；由顶点向西南，沿大茅山、天目山东麓洪积—冲积扇至杭州湾北岸，为其西南界和南界。面积约 5 万平方千米。大致沿江阴、沙洲、常熟、松江、金山一线，分为新三角洲和老三角洲两部分。后者位于西部，系以太湖为中心的冲积平原、湖积平原；前者指镇江以东、位于大江两侧的冲积平原和江中沙岛。

三角洲主要是由长江带来的泥沙冲淤而成。冲积层的厚度由西向东从几十米增加到 400 米，其底部是坚硬的岩层。地形可分为里下河平原南缘、河口沙洲区和太湖平原三部分。太湖平原发育了较为完整的太湖水系。京杭运河南段江南运河纵贯该区。长江三角洲为中国人口稠密地区之一，也是中国经济最发达地区。

长江三角洲俯瞰

珠江三角洲

中国第二大三角洲。又称珠江平原。是由西江、北江、东江、潭江、绥江、流溪河、增江等在珠江河口湾内堆积而成的复合三角洲。位于中国南海北岸、广东中部珠江河口。狭义的珠江三角洲北起西、北二江汇合点的三水河口，东抵东江下游的石龙，南达崖门口外。广义的珠江三角洲西起高要羚羊峡东口及潭江司前；北起北江黄塘、宝月，流溪河广

州、石碣，绥江黄冈；东迄东江园洲、增江沙塘。面积约 1.1 万平方千米。

珠江三角洲鸟瞰

三角洲东有大岭山、羊台山，北有白云山摩星岭，西有皂幕山、古兜山。山丘走向多与北东向构造线一致。三角洲平原上有160多座突起的丘陵、台地、残丘。其中，丘陵主要分布在南部，台地集中在北部番禺至广州之间。河网发育，西江、北江三角洲的主要水道有近百条，东江三角洲的主要水道有 5 条。

塔克拉玛干沙漠

中国最大的沙漠、世界第

二大流动沙漠。位于塔里木盆地的中部。北为天山，西为帕米尔高原，南为昆仑山，东为罗布泊洼地。面积 33.7 万平方千米。流沙面积占整个沙漠面积的 85%。沙丘高大，除边缘外，一般在 50～100 米以上。

塔克拉玛干沙漠风光

沙漠东部主要为巨大复合型沙丘链，一般长 5～15 千米，最长 30 千米，宽度一般在 1～2 千米。丘间地宽度为 1～3 千米。沙漠东北部临时湖泊较多，但往沙漠中心则逐渐减少。沙漠中心和西南部主要分布复合型纵向沙垄，延伸长度一般为 10～20 千米，最长可达 45 千米。沙漠北部可见高大穹状沙丘，西部和西北部可见鱼鳞状沙丘群。

沙漠中某些河床沿岸及冲积扇缘分布有以胡杨、红柳等为主的天然植被，形成绿洲，如和田河及克里雅河下游等。区内地下水、石油、天然气资源十分丰富。

长江

中国第一大河、世界第三大河。年平均入海水量 9755 亿立方米，居世界第三位。发源于唐古拉山主峰各拉丹冬雪山的西南侧。干流流经青海、西藏、四川、云南、重庆、湖北、湖南、江西、安徽、江苏、上海 11 个省区市，在上海注入东海。全长约 6400 千米，流域面积 180 多万平方千米（不包括淮河流域）。

长江干流各段名称不一：源头至当曲口称沱沱河，为长江正源；当曲口至青海玉树的巴塘河口称通天河；巴塘河口至四川宜宾的岷江口称金沙江；岷江口至长江入海口通称长江，其中宜宾至湖北宜昌间称川江，湖北枝城至湖南城陵矶间称荆江，江苏扬州、镇江以下又称扬子江。

长江流域水力资源丰富，已建成葛洲坝、三峡、丹江口等水利枢纽，其中三峡水利枢纽是世界最大的水利枢纽。长江也是中国最重要的内河航运大动脉。

长江正源沱沱河

黄河

中国第二大河。因河水黄浊而得名。发源于巴颜喀拉山北麓约古宗列盆地，流经青海、四川、甘肃、宁夏、内蒙古、陕西、山西、河南、山东9个省区，在山东垦利注入渤海。全长5464千米，流域面积75.24万平方千米。黄河流域西起巴颜喀拉山，东临渤海；北界阴山，南至秦岭。

黄河干流可分为三段：从河源到内蒙古托克托的河口镇为上游，河口镇至河南孟津的桃花峪为中游，桃花峪以下为下游。黄河天然年径流量为570多亿立方米。黄河的输沙量和含沙量均居世界首位，年平均输沙量16亿吨，90%的泥沙来自黄河中游的黄土高原。干流仅部分河段通行木船和小型驳船。黄河水力资源居全国第二位，干流上已建成龙羊峡、青铜峡、三门峡、小浪底等大型水利枢纽。

珠江

中国第三大河。位于中国

南部。年径流量仅次于长江，居全国第二位。原指广州至东江口的河段，因河中有海珠岛而得名；后以之称该水系。珠江流域由东江、北江、西江汇流而成，跨越云南、贵州、广东、广西、江西、湖南等省区。主干流长 2214 千米，流域面积 45.36 万平方千米（其中越南境内有 1 万多平方千米）。

珠江广州段

主干流西江源于云南沾益的马雄山，全长 2214 千米；北江主源源于江西信丰的西溪湾，全长 468 千米；东江源于江西寻乌的大竹岭，全长 520 千米。流域年平均径流量 3360 亿立方米。流域水力资源大部分在西江。全流域通航里程约 1.29

万千米，占全国航运里程的 1/4。

松花江

中国黑龙江的最大支流。流经中国东北地区北部。上源一为嫩江，源于伊勒呼里山南麓；另一为松花江正源（曾称第二松花江），源于长白山天池。两江于三岔河汇合后折向东北，即松花江干流，于同江市东北汇入黑龙江。自天池至松花江河口全长 1897 千米。流域面积 55.68 万平方千米，居全国第三位。流域包括黑龙江、吉林两省大部和内蒙古部分。

松花江夏季景色

松花江干流长 867 千米，干流河道河槽深广，坡度较缓，大体可分三段：三岔河至哈尔滨，河道蜿蜒于草原湿地，水浅流缓；哈尔滨至佳木斯，两岸为台地和低山丘陵；佳木斯以下，地势平坦，河道宽浅，流速缓慢。松花江是中国东北境内航运价值较大的河流。渔业资源丰富。

辽河

中国北方地区大河之一。主流上游老哈河源于河北七老图山脉光头山，汇合西拉木伦河后称西辽河。西辽河于台河口歧分为南北两支，南支为主流西辽河，北支为新开河，两支至双辽汇合后南下，到福德店汇合东辽河后始称辽河。辽河流经河北、内蒙古、吉林和辽宁4个省区，全长1394千米。流域面积20.16万平方千米。辽河含沙量仅次于黄河、海河，年平均输沙量2098万吨。辽河下游平原是中国开发较早的地

区，是主要工业区之一。辽河三角洲上的黑嘴鸥繁殖地是世界上唯一的黑嘴鸥繁殖地。

辽河入海口的红海滩

海河

中国七大江河之一。又称沽河。海河流域东临渤海，南界黄河，西起太行山，北倚内蒙古高原南缘，又称海河平原。流域面积26.4万平方千米。

上游支流众多，有北运河、永定河、大清河、子牙河和南运河五大支流，即华北五河。五河分别自北、西、南三面汇流至天津，始名海河。海河自金钢桥以下干流长73千米，河道狭窄，多弯道，有"七十二沽"之说。

海河流域年平均径流量211.6亿立方米。从20世纪50年代起，共兴建大小水库1900多座，大型水库有官厅、密云、十三陵等；兴建水电站约120座。

海河天津段

淮河

中国东部主要河流之一。淮河流域由淮河水系和泗、沂、沭河水系组成。西起桐柏山和伏牛山，南以大别山和江淮丘陵与长江流域分界，北以黄河南堤和沂蒙山与黄河流域分界。流域面积27万平方千米，其中，淮河水系19万平方千米，泗、沂、沭河水系8万平方千米。以废黄河故道为界，分为淮河和泗、沂、沭河两大水系。淮河干流源于河南的桐柏山北麓，流经河南、安徽两省，在江苏扬州的三江营注入长江，全长1000千米。泗、沂、沭河水系发源于山东沂蒙山区。淮河是中国重要的自然地理界线。以南温暖湿润，以北寒冷干燥。淮河流域内河航道以京杭运河和淮河干流为骨干，较大支流和下游水网地区都能通航。

青海湖

中国最大内陆咸水湖。汉代称西海，北魏时始名青海。蒙古语称库库诺尔，意即"青色的湖"。青海省由此得名。位于青海省东北部。长轴呈北西西走向。湖面海拔3196米。面积4340平方千米。平均水深17.6米，最深达27.0米，储水量742亿立方米。水位年变幅不大,近年湖水面积持续增大。湖水矿化度 12.49 克 / 升。

湖中耸立蛋岛、鸟岛、海心山、新沙岛、老沙岛和三块石岛 6 座岛屿。其中,老沙岛为湖中最大岛屿。鸟岛是中国鸟类自然保护区之一。湖滨东缘有两个脱离母体的子湖——尕海和耳海。青海湖流域为内陆封闭水系,入湖河流达 40 余条。湖中鱼类单一,以青海湖裸鲤(俗称湟鱼)为主。湖岸草原是良好牧场。

青海湖风光

鄱阳湖

中国最大淡水湖。古称彭蠡、彭泽、彭湖。为长江中、下游大型吞吐湖。位于江西北部、长江以南。鄱阳湖水系纳赣江、抚河、信江、鄱江和修水五河来水,调蓄后经湖口汇入长江。湖面以都昌与吴城之间的松门山为界,分为南、北两湖。南湖又称官亭湖、族亭湖,湖面宽阔,为主湖道;北湖又称落星湖、左蠡湖,湖面狭长,为入江水道。

鄱阳湖水位 21 米(吴淞基面)时,湖水面积 3960 平方千米;平均水深 5.1 米,最大水深 23.7 米;容积 260 亿立方米。鄱阳湖多年最高最低水位差 15.79 米。高低水位之间的湖岸带为缓坡凹地,水位的显著变化导致湖面面积、容积发生巨大变化,使鄱阳湖呈现"高水是湖,低水似河"的独特景观。

鄱阳湖是中国淡水渔业主要基地之一。鱼类有 90 余种,以鲥鱼、银鱼著名。在湖西部赣江与修水汇合处,设有鄱阳湖自然保护区。

洞庭湖

中国第二大淡水湖。属构造湖。为长江中游重要吞吐湖泊。湖区位于荆江南岸,跨湘、鄂两省。湖面海拔33米,最深23.5米。湖区面积1.878万平方千米,天然湖面2740平方千米,另有内湖1200平方千米。环湖丘陵海拔在250米以下,中部呈水网平原景观。分为西、南、东洞庭湖。

洞庭湖北有分泄长江水流的松滋、太平、藕池、调弦(1958年堵口)"四口",东、南、西三面有湘江、资水、沅江、澧水等直接灌注入湖。20世纪70年代以来,"三口"口门淤高,入湖水量减少。西洞庭湖蓄洪能力基本消失;南洞庭湖南移;东洞庭湖东蚀,调蓄功能趋向衰减。

洞庭湖区是中国重要的商品粮基地之一、淡水渔区之一。有鱼类114种,以鲤科为大宗。

湖区名胜古迹较多,有岳阳楼、君山等。

太湖

中国第三大淡水湖。为大型平原吞吐湖。古称震泽、具区、笠泽。位于江苏南部、长江三角洲南缘。湖面海拔约3.14米。湖水面积2425平方千米。平均水深2.10米,最大水深3.33米,蓄水量51.5亿立方米。

太湖平面形态略呈半圆形。西南部湖岸平滑而呈弧形;东北部湖岸曲折,多湖湾和岬角。入湖水流主要来自西南岸,主要是荆溪和苕溪。湖水由东北岸排出,经黄浦江等数十条河道泄入长江。湖中原有岛屿72座,俗称太湖七十二峰。由于湖泥淤积和人工围垦,尚存大小岛屿40多座,其中西洞庭山最大。

太湖是江苏主要内河航道之一。湖中共有鱼类百种左右,其中以梅鲚、银鱼、鲤、青鱼、鲫、鲇、鲢、鳙等著名。莼菜为太湖特产。

呼伦湖

构造遗迹湖。又称呼伦池。蒙古语称扎赉诺尔。位于内蒙古呼伦贝尔市、呼伦贝尔草原西部。是内蒙古最大的湖泊。形似斜向东北的长方形。湖面海拔545.3米。面积2339平方千米。平均水深5.92米，浅处不过3米，蓄水量138.5亿立方米。湖北岸有木得那雅河与额尔古纳河相通，西南有克鲁伦河注入。为半咸水的吞吐型湖泊。水质优良，矿化度小于1克/升。湖

水每年11月上旬封冻，至次年5月初解冻，冰层厚达1米以上，是中国封冻期最长的湖泊之一。湖中盛产鲤、鲫、白鱼、鲶等鱼类。湖滨水草丰美，景色秀丽。

纳木错

中国第二大咸水湖。为世界海拔最高的大湖。纳木错为藏语音译，意为"天湖"。蒙古语称腾格里海。位于藏北高原东南部、念青唐古拉山北麓、西藏当雄和班戈境内。湖面海拔4718米。平均水深39.2米，蓄水量768亿立方米。湖水面积1961平方千米，湖区面积1.061万平方千米。纳木

呼伦湖畔

夕阳下的纳木错

错为构造断陷湖，呈西南—东北走向。属微咸水湖，矿化度1697～1732毫克/升，为藏北湖群中矿化度最低的湖泊。汇入湖中的河流主要有波曲、昂曲、侧曲、你亚曲等。湖中盛产高原裸鲤。湖滨为优良牧场。

山东半岛

中国三大半岛之一。位于山东东部。面积3.9万平方千米。北起莱州湾，南讫海州湾，突出于渤海与黄海之间，蓬莱角以西濒渤海，蓬莱角以东濒黄海。半岛西隔潍河、沭河河谷与山东西部地区相邻，北与辽东半岛共同扼守渤海海峡。其中，胶莱河以东部分又称胶东半岛，面积2.7万平方千米。

半岛地貌南北分异显著。中部为胶莱平原，海拔在50米以下；北部和南部为山地，以崂山（海拔1132.7米）为最高。海岸线漫长曲折，岛屿众多。

半岛水果种植业和海水养殖业发达，是中国温带水果的重要产区，还是著名的花生和柞蚕丝生产基地。旅游资源丰富。沿海有青岛、烟台、日照等主枢纽港口。

辽东半岛

中国三大半岛之一。位于辽宁南部。由千山山脉向西南延伸到海洋中构成。其中，金州以南部分又称旅大半岛。北部可以鸭绿江口与大清河口连线为界，习惯上包括沈丹铁路以西到浑河、大辽河地区。面积3.7万余平方千米。

千山山脉构成半岛的脊梁，一般海拔不到500米，主峰步云山海拔113,0米。向西南地势逐渐形成和缓的丘陵。成层地貌发育，海岸类型复杂。海岸线长1000余千米，沿岸有长山群岛等岛屿。

半岛为果树、柞蚕丝和花

生的主要产区。蕴藏多种金属矿床。沿岸有制盐、芦苇加工等工业，另有渔业和浅海水产养殖业。有大连、旅顺等良港。

壶口瀑布

中国黄河唯一的大瀑布。为黄河晋陕峡谷中段的胜景。又称龙王走丝山。位于山西吉县县城西南 49 千米南村坡与陕西宜川县壶口乡之间。在昕水河以南，黄河切过吕梁山西南端的壶口山（又称孟门山），500 余米宽的黄河洪流骤然被两岸坚硬的绿色砂岩所束缚，上宽下窄，河口束狭如壶口，故名。河床宽度由 250 米收窄为 50 米，河水被夹于壶口般的地形中，河底岩石被冲刷，形成宽 30 米、深 50 米的石潭，河水由断层石崖上陡然跌落，形成瀑布。瀑布高度，枯水期 15 ~ 20 米，夏秋之际约 45 米。瀑布四季景色各不相同。夏季

浊浪排空，吼声震天；冬季冰封雪冻，形成冰凌；春季落凌时节，冰块跌落，声如雷鸣。

黄河壶口瀑布

黄果树瀑布

中国重点风景名胜区。位于贵州西南镇宁境内、北盘江支流打帮河上游。原名白水河瀑布，后因瀑布右岸有一参天黄桷树，改称黄桷树瀑布，又谐音为黄果树瀑布。黄果树瀑布为上起白水河、下至螺丝滩的瀑布群中最高的一级巨大跌水，高 66 米、宽 80 米。瀑布以上为宽谷，以下为马蹄形峡谷。瀑布壁面陡直，瀑水飞流直下。瀑水除在瀑布壁面上形成厚达 8 米的钙华外，还在钙

华与壁面间形成长 42 米的水帘洞。瀑下又有多处冲蚀坑。右侧有暗河，往下游还有从河床涌出的冒水塘。因该地区喀斯特发育，瀑布与奇峰异洞、怪石丽水浑然一体，成为游览胜境。

黄果树瀑布

京杭运河

中国古代南北水路交通的主要通道。自北京起，途经河北、天津、山东、江苏、浙江 6 个省市至杭州。京杭运河沟通海河、黄河、淮河、长江和钱塘江五大水系，全长 1749 千米，是世界上开凿最早、里程最长的古代运河。

京杭运河是在不同历史时期分段开挖连接而成的。沟通江淮的邗沟在春秋末年已经开通。杭州至镇江的江南运河大致在春秋时形成，隋时经大规模整修，成为大运河的南段。元至元三十年（1293），京杭运河全线贯通。清康熙二十七年（1688），京杭运河最后定型。1950 年起开始运河的大规模恢复和扩建。

京杭运河一景

现在的京杭运河由北向南分为七段：大通桥到通州为通惠河，通州到天津为北运河，天津到临清为南运河，临清到台儿庄为鲁运河，台儿庄到淮安为中运河，淮安到扬州为里运河，镇江到杭州为江南运河。

京杭运河对中国南北地区之间的经济、文化发展和交流，特别是对沿线地区工农业经济的发展和城镇的兴起起了巨大作用。

海原地震

1920年12月16日发生于中国甘肃海原（今属宁夏）一带的巨大地震。震级8.5级，震中烈度Ⅻ度。震源深度30千米。极震区为海原、西吉。有感范围远达上海、北京、汕头、香港，甚至越南海防的摆钟也因此停摆。日本东京的放大倍数为12倍的地震仪也记录到环绕地球的面波。地震造成23万余人死亡。震中区出现走向为北西—北西西的长达200多千米的断层带。地震造成的滑坡堵塞河道，形成众多串珠状的堰塞湖。震后余震不断，到1921年11月，共记录到有感地震571次。这次地震促使中国地学工作者开始研究中国地震。